本书得到暨南大学深圳旅游学院中青年教师科研扶持基金项目
"资源垄断型温泉旅游地发展过程与特征研究"资助

Research on the
Development and Management
of Hot Spring
Tourism Destination

巨 鹏 / 著

温泉旅游地
开发与管理

社会科学文献出版社
SOCIAL SCIENCES ACADEMIC PRESS (CHINA)

中文摘要

温泉旅游是旅游产品中较为特殊的一类，涉及医学健康、矿产资源、旅游经济等不同领域。顺应时代的发展潮流，康养旅游成为社会大众所钟爱的旅游产品之一，而温泉旅游作为康养旅游的一种形式，自然需要我们在新的时代背景下对其进行解读，思考其发展过程中存在的问题以及未来的发展方向。

首先，本书从资源管理的视角，研究了恩平市早期具有代表性的三个温泉旅游地，梳理了温泉旅游地开发历程。在案例分析的基础上，归纳出资源独享型温泉旅游地开发的基本特点：企业积极参与，政府逐渐扶持；温泉旅游资源配置效率较低；温泉旅游产品的粗放、简单式开发；经济带动效应有限。资源独享型温泉旅游地的资源配置过程是温泉旅游地政府与开发商进行产权交易的过程，温泉开发商以优惠价格获取温泉资源的探矿权与采矿权。在资源独享型温泉旅游地开发过程中企业成为市场的主导，政府监管不严，市场没有得到有效反馈。资源独享型温泉旅游地开发对周边经济的带动性较差，这是因为温泉消费市场不成熟以及对温泉水的独享政策使得旅游地空间的产业集聚难以形成。其次，本书对比了从化资源无限共享型与资源有限共享型温泉旅游地开发模式的特点，研究了日本温泉旅游地开发的社会福利与市场化混合管理模式的特征。分析了不同模式在社会背景、资源配置效率、政府角色、温泉企业角色、温泉旅游产品开发、经济带动等方面的差异，并从整体上对不同模式进行了对比，指出了相对优化的模式为资源有限共享型温泉旅游地开发模式。最后，本书试图构建以"温泉资源委托管理机构主导＋温泉旅游地开发者行会辅助＋政府协调＋企业运营"为基本结构的温泉旅游地开发模式。该模式克服了资源有限共享型温泉旅游地开发模式的缺点，增强了温泉资源托管机构的权力，有助于实现对温泉水资源的高效分配。

　　本书通过案例研究为温泉旅游地开发与管理提供了理论模型，对温泉旅游地管理理论进行了检验与补充，丰富了温泉旅游市场理论体系，是对现有温泉旅游地开发模式的突破与创新。对恩平市温泉旅游市场特点的分析对中国其他地方温泉旅游地开发与管理具有借鉴意义，能为中央和地方政府正确制定温泉旅游开发战略与旅游政策、规划和管理温泉旅游地提供依据与实践经验。

　　关键词：温泉旅游　独享　政府　资源

Abstract

Hot spring tourism is the special kind of tourism products, including clinic science, mineral resource management and tourism management. With the development of tourism needs, health tourism is becoming one of the most popular tourism products. Over the new trend of health pursuing, academic research must be launched to discover the principles and characters of SPA tourism which will give us an insightful view of the whole industry.

Firstly, based on the resource management, this book gives a case study of three hot spring resorts in Enping. Resource allocation, product development and community involvement is discussed in the three case studies. From the historical perspective, the process of hot spring development is fully displayed in each case. The three cases found that the characteristic of monopoly resource management model is of government active participation, resource distribution ineffectiveness, rough hot spring product, and low community economic derived. The mechanism of hot spring resource monopoly model is developed. Investor gained the hot spring resource at low price because of the invalidation of government. Also, unmatured hot spring tourism market and the monopolization of hot spring resource lead the tourism industry spatial cluster in local community is not typical because the scale of hot spring resort tends to be small. Secondly, case study of Conghua hot spring resort which is characterized by resource unlimited sharing and limited resource sharing models are discussed. And the case of hot spring industry in Japan which is a mixture model of social wellbeing and market – oriented hot spring resource management mechanism is discussed. The model of unlimited resource management and limited resource is compared in the dimension of target, social environment, governments, corps, products and economic impacts. The conclusion is that the limited resource management model is more effective. Thirdly, the optimized limited resource model is put forward. It is a bond of government, guild of tourism investors, agent of trustee. It enforces the power of the former agent of hot spring resource trustee, which fetch on the shortcomings of common limited resource management model.

This research is very important to the development of hot spring resort. This research enriched the system of hot spring resort theories. Based on the firsthand data, this research revealed mechanism of resource management, testify the hot spring product theories, and fortify the tourism community theories. And the most important is that this book put forward the optimized hot spring resort management model, which is breaking out of the hot spring resort research field. Research on the hot spring resort management is also has its practical meaning. Firstly, this research is a reference to the other hot spring resort; secondly, the community case study is also useful for local-government to make decisions and policies related to hot spring resort communities; thirdly, this research will improve the efficiency of hot spring resource allocation and management.

Keywords: Hot Spring Tourism; Monopolization; Government; Resource

第一章

导论：温泉旅游方兴未艾

第一节 中国温泉旅游产业概况

一 疗养、休闲与温泉旅游产业发展

中国是世界上最早利用温泉的国家之一。早在公元 100 年前后，据东汉天文学家张衡的《温泉赋》记载，"六气淫错，有疾疠兮，温泉汩焉，以流污秽"，说明了温泉有治病、除秽、保健功能；北魏郦道元所撰《水经注》称，"鲁山皇女汤，可以煮米，饮之愈百病，道士清身沐浴，一日三次。四十日后，身中百病痊愈"，记载了我国古代人利用温泉沐浴治病的历史；明代李时珍将温泉分为热、冷、酸、苦、甘泉，指出温泉只适用于治疗冷阴性疾病，伤寒等高热疾病是不允许进行温泉治疗的。

新中国成立之后，我国建立了一大批温泉疗养院，其主要服务对象是需要长期恢复疗养的病痛患者。改革开放之后，温泉开发中私人资本进入的案例越来越多，特别是邓小平南方视察之后，我国进入温泉开发的新阶段。自 1993 年以来，我国温泉开发进入了一个新时期。许多大型露天温泉开始出现，不论是在经营方式还是在资本运营形式上都出

现了多样化趋势。以金山温泉为例，金山温泉于 1993 年开始动工建设，是被称为"第二代"温泉——现代露天温泉的鼻祖，只不过其露天池区并没有进行大量的园林绿化。根据统计数据，金山温泉于 1996 年开始营业，开业一年的游客接待总量为恩平市（金山温泉所属地）1995 年全年游客接待量的两倍。无论是对于改善公司经营状况而言，还是对于推动当地经济发展而言，都取得了显著的成果。

到了 20 世纪 90 年代末，温泉开发又出现了新的发展趋势，原来的露天浴池开始融入园林元素。1998 年开始营业的御温泉便是引爆这一园林温泉旅游市场的领头羊，广东省诸多温泉旅游地纷纷效仿。一时之间，广东省兴起了温泉旅游热，中山市仙沐园温泉、帝都温泉等都是这一时期较有代表性的温泉。

进入 21 世纪，随着人们日常休闲生活中参与性要求的提高，温泉开发出现了新的趋势。以锦江温泉为代表，露天温泉项目中加入了游乐元素，这标志着温泉开发走向温泉游乐园模式的经营阶段。在温泉露天池区中，浸泡洗浴与水上漂流、水上冲浪等娱乐项目相结合，成为这一阶段温泉旅游地的开发模式。不同的温泉园林设计风格给了旅游者更多选择，温泉旅游开始走向大众化，温泉旅游相关报道见报率提高，引起了社会广泛关注。

广东省是我国温泉大省，温泉热储量位居全国第三，全省已发现温泉 311 处。其中，温泉点 294 处，隐伏地热区 17 处。在中国，广东省的温泉开发一直走在最前面，从改革开放前的从化温泉，到 20 世纪末崛起的御温泉，再到今天的温泉小镇，广东省温泉开发一直引领温泉旅游产业发展的新方向。据统计，国内开发的温泉旅游区位于广东省的占到了三分之一，省内各地温泉旅游竞争激烈。而国内其他温泉资源丰富地区如北京市、云南省、四川省、辽宁省等地也紧随广东省纷纷发展温泉旅游，温泉旅游风潮已经席卷全国。

二　温泉旅游地开发

值得注意的是，广东省 1993 年之后开发的温泉宾馆或者温泉度假村大部分采取了由单个企业控制采矿权的经营方式，如金山温泉、帝都温泉、锦江温泉、御温泉、龙门温泉等，这与从化老温泉对温泉资源共享式无节制开发形成鲜明对比。从化温泉资源"枯竭"的前车之鉴为单个企业垄断温泉水这一经营形式提供了合理的理由。

王艳平（2004a）在其著作中对这一现象提出了质疑。在其著作中，这种温泉开发商被称为"一轩大型温泉度假村"，他认为在这一开发模式下"度假区内的布局完全由投资者的意愿决定……一轩大型温泉度假村……只能在经济发展初期吸引那些先富起来的人们"。随着温泉旅游地的不断开发，大型温泉度假村有可能发挥地标作用。该观点获得了大部分国内学者的支持，但是针对大型独立经营温泉旅游地的研究较少，除了理论探讨，并没有更多的案例研究。

本书主要针对大型独立经营的温泉旅游地展开研究，试图从案例与实践角度入手，探讨该类型温泉旅游地在开发、运营与管理中的问题，并试图走一条自下而上的路线，从案例研究逐层提炼，推导出该类型温泉旅游地的资源配置模式、运营规律以及管理体系。恩平市是广东省著名的温泉之乡，市域范围内的温泉旅游地基本上采取了大型独立经营的温泉旅游地开发模式，无论是在类型上还是在发展过程上，都体现出其独特性和典型性。针对这一类型的温泉旅游地，本书主要从以下角度展开论证与研究：大型独立经营的温泉旅游地开发模式如何形成？其特点是什么？在这一模式下温泉资源配置效率如何？针对市场，管理者是如何进行产品设计与推广的？其效果如何？在这一形势下温泉旅游地开发影响如何？有没有一种更好的温泉旅游地开发模式？本书针对以上几个问题分别进行了深入调查分析，并得出了相关结论。

第二节　温泉旅游研究助力产业发展

一　温泉旅游研究主要内容

本书主要内容包含以下三个方面的内容。第一，探讨温泉旅游地开发策略。温泉在我国分布广泛，随着人民生活水平的提高，许多温泉所在地政府正在筹备进行温泉旅游开发。进行温泉旅游资源的开发不仅要考虑开发后的经济收益，而且要考虑如何在温泉旅游开发过程中做到高效利用温泉矿产资源。读者通过本书将对温泉旅游开发的过程与开发影响有一个较为清晰的了解。第二，分析资源独享型温泉旅游地开发模式的形成过程及其在发展过程中表现出来的特点。资源独享型温泉旅游地是一种普遍存在的温泉旅游地开发模式，本书通过对这一类型温泉旅游地特征以及运营模式的分析总结出这一类型温泉旅游地开发模式的利弊所在，为将来的温泉旅游地开发者提供借鉴。第三，探讨适宜的温泉旅游地开发模式。任何一种温泉旅游地开发模式都可能在开发过程中造成资源的浪费，必须通过对温泉旅游地开发模式进行比较研究，提出新的温泉旅游地开发模式，从而为后来者提供借鉴参考。

二　温泉旅游研究意义

（一）温泉旅游研究的理论思考

（1）通过案例研究为温泉旅游资源的开发与管理提供了理论模型，对温泉旅游资源管理理论进行了检验与补充。

（2）本书克服了旅游研究中旅游企业难以进入的困难，通过对大量一手数据与内部经营数据的分析，检验并完善了有关温泉旅游市场与温泉旅游产品的理论，丰富了温泉旅游市场理论体系。

（3）温泉旅游地开发对周边经济的影响分析丰富了旅游开发影响

理论体系，是对旅游影响研究体系的丰富与补充。

（4）提出了优化的温泉旅游地开发模式，是对现有温泉旅游地开发模式的突破与创新。

（二）温泉旅游研究的实践指导意义

（1）温泉旅游作为恩平市第三产业的龙头产业，在当地社会经济发展中占有相当重要的地位。温泉旅游资源的管理模式选择、产品开发以及如何带动周边经济发展等成为当地政府亟须解决的问题，本书将为解决这些问题提供案例借鉴。

（2）对温泉资源管理模式以及温泉旅游市场特点的分析对中国其他地方温泉旅游地开发与管理具有借鉴意义，为中国正确制定温泉旅游开发战略提供了依据。

（3）温泉旅游开发对当地经济的带动作用分析可以为旅游政策制定、旅游地规划与管理提供理论依据与实践经验。

（4）新的温泉旅游地开发模式的提出有利于提高温泉旅游地的资源配置效率。

第三节　温泉旅游研究方法

一　本书研究方法

（一）问卷法

本书以问卷调查为主要形式对恩平市温泉旅游地的游客进行调查。同时设计了两种半结构式问卷，对温泉旅游地的员工与当地村镇居民以及温泉旅游地管理者进行资料收集。

（二）深度访谈法

本研究分别对恩平市相关部门（如旅游局、土地资源局）的管理人员、温泉度假村的管理者（包括现有管理者以及原有管理者）、当地员工（温泉度假村所在村庄的员工）、恩平市居民以及游客等进行深度访谈。同时还在案例地之外就相关问题对有关研究领域的专家学者进行了访谈。

（三）观察法

本书作者以旅游管理顾问的身份参与政府的决策与执行活动，与当地领导一起考察、一起讨论方案、一起处理旅游区内发生的应急事件，同时收集各类资料，进行观察与总结的循环，逐步实现对调查地的深入了解。针对温泉旅游地对附近区域经济带动效应的调查，如商业店铺发展状况等，采取非参与性观察法，了解其社会经济活动进行状况。

（四）文献研究法

文献研究法是一种通过收集和分析现存的以文字、数字、符号、画面等信息形式储存的文献资料，来探讨和分析各种社会行为、社会关系及其他社会现象的研究方法。

本书文献资料主要包括：国内外的研究成果；恩平市有关政府管理部门、那吉镇、良西镇、大田镇等档案材料；金山温泉度假村、帝都温泉度假村、锦江温泉有关统计资料。

二　本书主要资料

本书研究所用的资料分为第一手资料和第二手资料两类。

第一手资料主要包括：关键人物访谈记录与录音整理、游客调查问卷、管理人员调查问卷、当地居民调查问卷、温泉景区实地观察资料。

虽然本书数据主要来源于作者攻读博士学位期间对恩平市温泉旅游地案例地的调研（调研发生于 2004～2005 年），但是之后笔者对温泉旅游地的发展一直保持关注，并做了相应的数据更新。恩平市为温泉之乡，温泉旅游开发历史悠久。部分历史事件发生的背景、原因、过程与结果等资料主要通过对熟悉当地温泉发展历史的居民的访谈获得，通过整理这些资料形成了温泉旅游地发展的口述史，对于梳理温泉旅游地的发展过程有重要意义。此外，对温泉旅游地现状的基本判断以及温泉旅游企业在特定历史时期的基本经营状况，也主要通过对温泉从业资深人士的访谈获得。

本书的访谈对象包括旅行社、宾馆饭店、温泉度假村的经营管理人员和员工，恩平市有关管理部门（如旅游局、土地资源局等）管理人员，市、乡镇政府公务员，一些见证恩平市温泉旅游地开发的当地居民，以及已经离开原来职位的管理人员。其中度假村管理人员与当地政府部门管理人员占到大多数，具体访谈样本情况见表1-1。

表1-1　深度访谈样本情况

单位：个

访谈对象	样本数	访谈对象	样本数
旅行社	5	宾馆饭店	5
金山温泉管理者	5	那吉镇政府管理人员	5
帝都温泉管理者	3	良西镇政府管理人员	3
锦江温泉管理者	5	大田镇政府管理人员	3
温泉所在地当地村民	15	地矿部门管理人员	1
本地行业管理工作者	20	旅游局管理人员	5
恩平市当地居民	10	恩平市政府管理人员	3

本书中关于温泉旅游地的游客基本信息、客源地结构以及游客对各温泉旅游地的评价都来源于游客抽样调查。在对部分旅游企业人员进行访谈的基础上进行了结构式问卷调查，一般情况下，只要受访者愿意，作者都在访谈的基础上要求受访者回答了相应的调查问卷问题（问卷原稿见附录）。

第二手资料主要包括以下几方面。

（1）史料地方志：恩平市相关统计年鉴、史志、地方志等。

（2）统计数据：恩平市旅游、工商、税收、环保等相关部门的相关统计数据、统计报表等。

（3）政府文件、工作报告：旅游发展、温泉资源管理等相关政府文件与政府工作报告。

（4）新闻报道：国内主要媒体就相关事件的新闻报道、采访调查与评论等。

（5）研究文献：国内外相关研究文献。

（6）其他：恩平市的招商公告手册、政府网站资料与温泉度假村的宣传手册。

三 资料处理与分析方法

（一）过程分析

社会是处在不断发展变化过程中的，任何结果的形成都是不同社会因素共同作用的结果。过程分析指对某一事件的形成过程进行描述，用"讲故事"的方法把事件的来龙去脉以及在其形成过程中不同因素所起的作用叙述和呈现出来。本书对三个温泉旅游地开发历程说明使用了过程分析。

（二）地理学空间分析

空间分析是一种地理学常用的分析方法，其目的在于解释和预测人类行为的空间模式，往往以数学几何的形式表达。本书主要对温泉旅游地对周围地区经济的带动与商铺发展状况等进行分析，研究温泉的开发给旅游地带来的空间变化。

（三）对比研究

本书还就相关研究问题进行对比分析。对比不同社会经济历史条件下温泉旅游地的发展过程与结果，对比不同温泉资源管理模式下温泉旅游地的发展状况以及温泉资源开发状况。

（四）统计分析

对获得的游客调查问卷、管理人员调查问卷和前人所做的问卷进行统计分析，采用 Excel 完成问卷的数据分析过程。基于数据分析结果，对温泉旅游地的市场结构进行特征描述。

第四节　温泉旅游研究的步骤与技术路径

本书的研究步骤与技术路径见图 1 - 1。首先，进行温泉旅游发展第二手资料的收集，并对温泉旅游开发现状进行观察，根据温泉旅游开发现状提出问题，在对文献进行对比分析的基础上对问题进行初步分

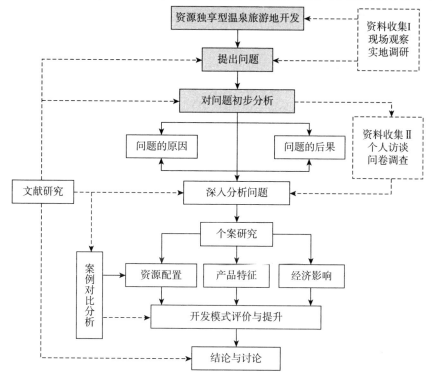

图 1 - 1　研究步骤与技术路径

析。其次，根据第一次调查与分析的结果，在阅读大量温泉相关文献的基础上，通过第二次的问卷调查、深入访谈等深入分析所提出的问题，并对问题进行个案研究。在研究过程中本书运用了案例研究的方法，针对恩平市的温泉旅游地开发与资源管理进行分析与研究。最后，通过对温泉旅游资源的配置与开发进行分析总结出温泉资源管理与开发的特征，并通过案例的对比分析进行模式升级，从而得出相关结论。

第二章

走近温泉旅游

——了解温泉旅游相关常识与研究现状

第一节　温泉旅游相关概念

一　温泉

（一）温泉的界定

一般而言，泉是指地下水的天然露头，而温泉指的是地下涌出的热（温）水。目前被社会广为接受的定义是：温泉是温度高于 25 摄氏度，且不含对人体有害物质的地下涌出热水。

按照刘振礼、王兵（1996）的说法，泉水分为冷泉、温泉与热泉。冷泉指的是 20 摄氏度以下的泉，20～37 摄氏度则为温泉，38～42 摄氏度和 43 摄氏度及以上的泉分别为热泉和高汤泉，超过当地沸点的泉为沸泉。黄尚瑶（1993）则认为水温显著高于本地平均气温的地下水的天然露头为温泉。周进步等（2001）指出，一般把水温高于人的皮肤温度（34 摄氏度）的泉水统称为温泉。

日本对温泉的定义是从温度与成分两个角度出发的。第一，温度高于 25 摄氏度的天然地下涌出水;第二,即使温度低于 25 摄氏度,只要含有一定量的某些成分的泉水也可以被称为温泉(王艳平,2004a)。韩国对温泉的定义是:温度在 25 摄氏度以上,并且不含对人体有害物质,日采水量要超过 300 吨的地下涌出水(韩国天然温泉较少,多为人工挖掘温泉)。

(二)温泉的资源性特征

温泉是地热资源的一种,它的形成与地热系统紧密相关。温泉的形成必须具备两个条件:一是热量的供给,二是涌出地表的通道。由于各地的地质特点不同,因此,温泉资源成为一种非普遍存在的稀缺资源。温泉水具有以下几个特征(朱训,1999)。

1. 水温与水量

温泉的开采利用在很大程度上取决于地热田的水量与水温。根据地热田热储量,地热田规模可以分为大型、中型与小型三种,如表 2 - 1 所示。

表 2 - 1 地热田规模分级

单位:兆瓦,年

规模分级	高温地热田		中、低温地热田	
	热能	能利用储量计算年限	热能	能利用储量计算年限
大型	>50	30	>50	100
中型	10~50	30	10~50	100
小型	<10	30	<10	100

温泉水温度因其所处地质条件不同也有很大差别,对于处于同一地方的传导性地热田,地热水温度随热储层埋藏深度的增加而增加。温泉资源按温度分为高温、中温、低温三级,温度不同,其应用范围也不同,具体分类及用途见表 2 - 2。

表 2 - 2 温泉资源温度分级

单位：摄氏度

温度分级		温度（t）界限	主要用途
高温地热资源		t ≥ 150	发电、烘干
中温地热资源		90 ≤ t < 150	工业利用、烘干、发电
低温地热资源	热水	60 ≤ t < 90	采暖、工艺流程
	温热水	40 ≤ t < 60	医疗、洗浴、温室
	温水	25 ≤ t < 40	农灌、养殖、土壤加温

注：表中温度指主要热储代表性温度。

2. 矿物与医疗作用

温泉中含有多种有益的矿物成分，具有广泛的用途。温泉水是一个大的溶剂，尤其是在地底埋藏时间长、温度高的温泉水，其中所含矿物质很多，地壳中被发现的所有元素几乎都可以在温泉水中找到，有的温泉水中矿物质含量可达 100 克/升。一般来说，地热水温度较低，其中所含微量元素达到饮用矿泉水标准，地热水中有一项或一项以上指标符合规定的，可作为饮用矿泉水进行开发利用。温度较高，矿物质含量较高，含有多种达到医疗标准的矿物成分的地热水，可以作为医疗矿泉水进行开发利用。

3. 温泉污染

温泉水不同程度地含有一些有害成分，其开发利用会给当地环境造成一定的影响和危害。尤其是矿化度较高的地热水，其废水很容易对附近水体造成污染。在开发温泉资源的过程中应该对其给予足够的重视。

4. 小结

温泉是地热矿产资源的一种，同时也是地下水的一种形态，但是温泉矿产资源与其他矿产资源不同，具有可再生性。

我国温泉资源开发现在处于上升时期，很多地方的温泉是通过地矿的挖掘才得以利用。并且针对温度不够高的温泉，在温泉开发过程中开发者会对其进行加热，实现"人工温泉"，或者向温度过高的温泉中掺入凉水，实现人工降温。到底此类温泉水在经过类似处理之后是否仍可被称为温泉水，至今没有法律明文规定。而对于含有超量的对人体有害物质的温泉水是否可以被称为温泉，也没有相关的明确规定。以上都是在温泉实际开发中碰到的问题，特别是在现在我国温泉旅游开发上升阶段，问题出现较多，相应法律法规的完善必将对温泉旅游产业的发展起到推动和促进作用。

作为一种资源，温泉只有在被人类使用时才能充分彰显其价值，只有我们清楚地对温泉资源有了深刻认识之后，才能使其得到更高效的利用。

二 SPA 与温泉疗养院

（一）SPA 的概念

SPA 最早出现于公元 1610 年，当时欧洲以拉丁文为主要语言，拉丁文"Solus Par Agula"意指"经由水而痊愈"，极可能是 SPA 最原始的意义[①]。"Solubrious Par Aqua"意为"平衡健康之水"，也是 SPA 字义的一种说法。

第三种说法则是根据近代语源学的研究，指它源自现今比利时境内东部列日市东南方阿德雷丝森林中，一个约 10140 人，叫作"SPA"的温泉小镇。在 15 世纪时，当地的矿泉以治疗之水闻名于中欧，因此 SPA 这一地名经数百年的使用后，也被引用为温泉疗养地的代名词。

但进一步探究其历史，SPA 的概念则源自公元前 500 年设于天然热温泉附近的希腊浴场，经过罗马帝国不断发展，希腊浴场演变成私人澡堂与公共澡堂。随着罗马帝国版图的扩张，公共澡堂的文化也传遍帝国

---

① 《SPA》，百度百科，https://baike.baidu.com/item/SPA/278455。

的殖民地。从公元前一世纪到中世纪，在这一千多年的时间里，自欧洲到近东，人们将水作为复原媒介的喜好深受罗马澡堂文化的影响。

此外，在著名的《韦氏大词典》中，SPA 有多重字义，作为名词时泛指矿泉、有矿泉的度假地、时髦的度假地或旅馆、一个提供健身与体适能设备的商业设施等。但随着时代的发展与商业服务创新模式的演变，现今连锁经营的 Resort SPA 及在大城市里兴起的 Day SPA 便成为休闲行业中重要的一部分，愈来愈不可或缺。

还有一点要说明的是，在旅游风气日盛的今天，翻开各式旅游手册，绝不难发现在很多情况下 SPA 与 Resort 连在一起。事实上这两个词的含义的确有重叠和交集，但词义不尽相同。

根据《韦氏大词典》，Resort 指的是一个常去的地方或一个为度假者提供娱乐及欢乐的地方。由于过度的商业开发、广告与竞争，SPA 与 Resort 在内涵方面的差异性已愈来愈小，愈来愈容易引发混淆。

1. Destination SPA（目的地 SPA）

Destination SPA 与 Resort SPA（度假村 SPA）的差异不大，有时甚至两相混淆。两者的主要区别在规模大小、经营模式与服务项目上。

前者大多属于早期较传统、典型的 SPA，通常规模较小，有小到只能容纳不到 10 名客人的。当然，也有少数规模相当大的例外，其在实质意义上已与度假村 SPA 相差无几。此外，目的地 SPA 的地点通常较偏远，并与当地特殊景观相结合，其设备用途完全以美容养生、特殊医疗复健、健身减肥为主，服务项目较具特色与专业性，周边设施则没有度假村 SPA 的齐全，因为其不以度假为主要经营目的。

2. Resort SPA（度假村 SPA）

大约在 19 世纪初，旅游逐渐成为全球范围内的一种流行活动，所以度假村 SPA 在当时开始兴盛。一般来说，Resort SPA 的规模通常较大，度假村的周边配套设施也较齐备，业者多推出美容、养生、观光、旅游等综合套餐服务，从而吸引更多的休闲度假顾客。

Resort SPA 通常也与当地特殊景观相结合，融入当地人文或自然资源。不过，目前国内外有许多 Resort SPA 采取连锁经营模式，也有少数 Hotel SPA、Resort SPA 与海滨游乐浴场等组合成超级综合性 One Stop 度假中心，其性质与 Resort SPA 大致相同，只是游乐性质更明显。

近年来，海外 SPA 极受欢迎，其中巴厘岛及泰国的 SPA 之旅最受游客喜爱。这些 Hotel SPA 中的装置艺术与自然景观合而为一，且由专业人员利用身体按摩直接使顾客舒缓身体，同时结合情境和冥想，可算是最能让忙碌的国人感受到放松减压的休闲方式。

3. City SPA（都会 SPA）

所谓 City SPA，顾名思义，主要指位于都会区，专为繁忙的现代人而开设的一种小型、精致、方便造访的 SPA。其强调提供完整的保养疗程服务，主要包括美容、养生、放松等项目，让都会人士在忙碌、紧张之余，能够真正达到身心放松、通体减压的目的。尽管 City SPA 没有足够的空间、美丽的景致与多元的周边设施，但通常拥有匠心独具的空间规划，且闹中取静、精致温馨，能掌握身心灵相结合以及充分休息的精髓，更以方便和专业的持续保养、分次保养，甚至是治疗为经营重点。

4. Home SPA（居家 SPA）或 SPA DIY（自助式 SPA）

Home SPA 主要指在家用简易设施以自助的方式来享受 SPA 之乐，内容包括自制美食及购买家庭式小型 SPA 器材与设备，并进行养生运动等。基本上，Home SPA 没有固定的形式，它只是一种理念，一种推广风气。居家 SPA 或自助式 SPA 虽然花费低，但因为专业程度不高、居家设备不足、空间局限及缺乏专门人员的协助，所以享受者整体获得的服务品质和效益无法与在专业 SPA 所得的相比，而且通常差距较大。

罗伯特·克里斯蒂·米尔（2002）在其著作《度假村的运营与管理》中对几个不同形式的 SPA 进行了如下界定：度假村 SPA（Resort SPA）——常设在旅店内，或者一些有温泉体育运动设施和其他康乐运动设施的综合度假村内，这使得温泉产品的客人和旅店的客人常合二为一；宜人SPA（Amenity SPA）——与度假村SPA相似，宜人SPA也通常是大旅店的一部分，但是不同的是其不像度假村SPA那样成为酒店主要的收入来源；目的地SPA（Destination SPA）——一些旅店的目的地SPA只对专为享受温泉服务而来的客人提供，其他人不能享用。

从SPA的发展来看，水疗是其核心所在，西方SPA产业有悠久的历史，医疗康复作用一直在温矿泉水的开发过程中得到重视。西方许多国家，包括英国、德国、匈牙利等都把SPA纳入国家医疗健康保障系统，这促进了SPA产业的发展。

经过长时间的演化，西方的SPA已经从原来单纯的休疗养地变为保健旅游地，并且随着水疗技术的发展以及城市休闲需求的增长，SPA产业已经外延到都会SPA与居家SPA。虽然这些SPA的分支业态形式不尽相同，但是用水疗法进行身心放松是其共同的特点。

值得注意的是，SPA产业在发展伊始是在罗马人的洗浴文化影响之下形成的。根据对SPA产业发展历史的回溯与查询，可以看到进行SPA水疗的介质并非仅限于温泉水，而是取材范围甚广，包含了矿泉水、海水以及一般对人体无害的其他水资源。从SPA产业的服务对象上来看，既有以旅游业态出现，主要面向休闲旅游者的Resort SPA和SPA Resort；也有面向休疗养病人，由社会医疗保障系统所提供的Destination SPA；更有扎根大城市，面向本城市居民的City SPA。而本书的研究对象主要是面向休闲旅游者的温泉旅游地（Hot Spring Tourism Destination）。

（二）温泉疗养院

新中国成立之后在政治经济建设上学习苏联发展模式，因此，温泉疗养院的设置在很大程度上同样模仿了苏联的建设模式。当时的疗养院"院内设置诊疗楼及若干病房，同时庭院内设置林荫道、观赏水池、亭阁，疗养员接受治疗之余，被组织参加集体性的学习活动，其风格与东欧的温泉保养公园一致"（王艳平，2004a）。温泉疗养院属于国营性质，有的隶属于国家机关或者地方政府，有的隶属于各级或各行业工会组织以及军队系统。其接待的主要对象是因公负伤、在工作岗位上做出贡献的身患疾病和需要进行休整的劳动模范与优秀干部。一般温泉疗养费用由单位提供，疗养时间通常为一个月至三个月。

中国的温泉疗养院沿袭了东欧国家休疗养SPA的风格，因此在管理制度上多为国有或者国营，不对外开放。改革开放之后，公费医疗制度开始改变，为了维持生存，这些休疗养机构纷纷走向了市场化，开始对外开放营业，接待外来疗养者，而医疗保健功能开始衰落，这促使了温泉旅游地管理机制的转变。

由此可见，西方的SPA与中国的温泉疗养院在性质上有共同之处，两者均有医疗保健功能，但是西方的SPA产业涵盖的范围更广，包含了我们经常提及的温泉旅游产业，中国的温泉疗养院只是中国在特定经济发展时期进行温泉开发的一种方式，不涉及旅游产业。中国的温泉疗养院是中国在处于计划经济阶段时将温泉资源与社会医疗保障相结合的一种管理体系，在该体系下，资源的价值没有得到足够重视，国家直接把温泉的开发与利用赋权给事业机关单位，温泉资源的市场化程度极低。

三 温泉旅游地

（一）温泉旅游地概念的界定

"温泉旅游地"是一个地理学的概念，强调"地"。旅游地即旅游目的地，因此，温泉旅游地套用旅游地的概念可以被解释为以温泉为核心开发项目与产品的旅游目的地。

如前文所述，改革开放之前温泉疗养院的开发在我国占据了主要地位，而改革开放之后许多温泉疗养院出现了市场化趋势，并迎合市场需求，设置娱乐项目。1992年邓小平视察南方一直被认为是对中国政治经济发展具有重大意义的里程碑事件。"南方谈话"之后由于政治经济政策的宽松，温泉旅游的开发主体开始多样化，个体、合资以及外资等资本纷纷进入温泉旅游开发市场。根据王艳平的界定，在此之后开发的以休闲娱乐为主要内容的温泉旅游地被称为新兴温泉旅游地，以示与既存温泉旅游地的区别。本书所研究的即此类新兴温泉旅游地。

新兴温泉旅游地对温泉的开发与原来面对特定的保健与疗养市场不同，此时的温泉开发主要面向大众温泉旅游市场。而对温泉矿产资源的管理是从 1986 年第一部《中华人民共和国矿产资源法》（以下简称《矿产资源法》）颁布之后才正式开始。由于矿产资源管理体制不完善、法制不健全，在温泉旅游地开发过程中出现了诸多乱象；由于产权不明晰，温泉水资源开发过程中存在资产流失风险。

1996 年国家重新修订《矿产资源法》，允许对矿产资源的探矿权与采矿权进行转让，并通过收取资源税与资源补偿费的办法对矿产资源进行管理。从此，温泉矿产资源的管理和使用才开始走上正轨。但是在此改革过程中政府失灵与市场失灵在很长一段时间内同时存在。企业寻租现象屡见不鲜，管理部门监督不严等成为此类温泉旅游地开发中存在的通病。

由于我国矿产资源的所有制性质与我国现有管理体制的缺陷，因此资源开发中的"公地悲剧"在很长一段时间内仍将存在。只有结合不同案例地的实际情况进行制度、政策、经济分析，才能够找到解决问题的有效路径。

（二）温泉旅游地分类

1. 按功能及客源市场特点划分

山村顺次按功能及客源市场特点将日本温泉旅游地归纳为疗养型、中间型和观光型温泉旅游地（吴必虎，2001）。

（1）疗养型温泉旅游地。疗养型温泉旅游地一般属于传统类型，其客源以邻近地区的老年回头客为主，旅游地多为地方自行筹建，其经营主体为家庭，住客的餐饮常常由客人自己准备。

（2）观光型温泉旅游地。观光型温泉旅游地分为住宿娱乐型和户外游憩型（休养型）两种。前者客源以公司职员、中老年阶层、中等规模团体和小规模团体为主；后者客源以学生、公司职员、青少年和家庭为主。住宿娱乐型温泉游游地面向全国各地的客源市场，而户外游憩型温泉旅游地则主要吸引大城市居民。

（3）中间型温泉旅游地。中间型温泉旅游地的功能和客源市场特点介于疗养型温泉旅游地与观光型温泉旅游地之间。

2. 按投资开发模式划分

中国温泉旅游地按投资开发模式可以划分为以下四类。

（1）以香港资本为主体经营的大型新兴温泉旅游地，以珠海市斗门御温泉度假村、中山市中山温泉、深圳市石岩湖温泉为代表。

（2）国有资本开发的大型温泉旅游地，以海南省万宁市兴隆温泉观光度假村为代表。

（3）有后续当地资本投入的既存温泉旅游地，以广东省从化温泉为代表。

（4）私人资本经营的小型温泉旅游地，以湘南粤北家庭作坊式温泉旅游地为代表。

3. 按温泉采矿权获取方式划分

温泉水是温泉旅游地的命脉，对温泉进行开采使用必须得到当地或者上级地质矿产主管部门的批准。在我国当前资源资产化管理的趋势下，根据温泉采矿权获取的不同方式，可以将温泉旅游地分为资源无限开采型与资源有限开采型两大类。

4. 其他

对温泉旅游地还可以依据温泉洗浴门票的价格档次进行划分：高档为100元/人以上；中档为50~100元/人；低档为50元/人以下。

根据温泉水的水质可以将温泉划分为偏硅酸温泉、氯化钠温泉、硫磺温泉、重碳酸钠温泉和弱酸度温泉。

对温泉旅游地的划分可以从不同角度进行，关键是要针对具体研究对象与研究内容进行。

第二节　温泉旅游研究现状

温泉资源的开发早在几千年前就开始了，而真正称得上旅游开发，只是近几年的事情。根据文献搜索，有关温泉旅游研究的论文在2000年之后才出现，之前的研究论文侧重于资源分析，较少涉及旅游分析。

根据文献检索发现，深入研究温泉旅游的文献较少，有关研究主要集中在资源开发特征与市场研究领域，一般的报刊类现象描述多于学术研究。虽然过去国外的温泉利用模式多为医疗保健型，与国内现状大不相同，但是，随着时代的发展，欧美国家的温泉开发开始走"健康旅游"的发展路线，也存在较多可资借鉴内容。

一　国外温泉旅游研究的前沿思潮

如前文所述，在西方国家，旅游活动最先以温泉度假村的形式出现，有关文献只能从史料或者小说中获取，温泉产业的发展实践比温泉研究提前了100多年。

根据对西方国家文献的检索，西方国家对温泉旅游的研究主要以SPA产业为主题，有关专门的"Hot Spring"研究内容的文献很少，并且研究侧重医疗保健，较少侧重健康旅游。以中欧为代表，其科研成果多是建立在国家康复保障体系下的温泉康复医疗研究。在这些国家，温泉多具有公益性质，研究成果多突出温泉开发在人体康复、疾病预防等方面的效果，有关温泉旅游的研究多冠以"Health SPA Tourism"的名称。

二战之后，西方国家旅游产业开始转向海滩旅游或者其他旅游方式，温泉旅游受到了冷落。在温泉热退下去之后，温泉旅游研究才开始展开，因此，在现有的旅游研究刊物上很难找到相关研究成果。很多学者采取了史料研究办法，通过对相关文献资料的介绍与对历史档案的分析，进行温泉旅游发展研究。Hirak Behari Routh（1996）等对 SPA 产业的发展历史进行了论述，John Towner（1995）在对旅游的发展历史进行描述的过程中谈及 SPA 产业的发展兴衰。

1. 温泉旅游资源的配置

温泉开发的准备阶段主要进行温泉旅游资源的配置与管理。温泉资源在不同国家有不同的管理与配置模式。

Deborah Wightman 和 Geoffrey Wall（1985）以加拿大的镭温泉为案例地进行了史料分析，详细介绍了镭温泉的开发历史。镭温泉资源管理分为两个阶段。第一个阶段是私人经营阶段：1989 年镭温泉被作为私人财产收购，温泉所有权归属其所在土地。虽然其温泉水同英国著名的巴斯温泉成分相似，但是由于交通问题一直没有得到解决，阻碍了温泉开发。同时温泉私有者的管理水平也受到质疑。因此，镭温泉在私人管理之下并没有沿袭欧洲国家 SPA 发展模式，而是以经营失败告终。在第二个阶段，由于私人经营的失败，加拿大政府剥夺镭温泉的私有经营权并收归国有，将其作为国家公园进行建设。这时，镭温泉正式进入大规模开发经营阶段。政府对旅游的支持态度促进了镭温泉的建设，交通的发达、财政的宽裕以及对当地基础设施等的投入建设促成了该旅游度假地的繁荣兴盛。论文还对比了加拿大与欧洲的温泉资源管理模式。在欧洲国家很少有作为国家公园进行开发的温泉，而在美国与加拿大，政府在温泉旅游开发中占主导地位。同时加拿大政府还非常重视温泉水质量的管理，由于温泉旅游者日渐增多，如何满足温泉旅游者的最大用水需求而又不破坏水资源成为非常重要的问题，但是在该论文中作者并没有对这一问题展开进一步论述。William Bacon（1998）则对比研究了英国与德国国家经济体制不同对 SPA 产业兴衰的影响，其论文是对 SPA 产业的发展颇具洞察力的一篇文章。论文针对英国与德国两国国家经济体制的不同，从社会文化环境、SPA 开发过程（产品规划、管理、投资、质量控制、人力资源管理以及产品整合）等方面就其对 SPA 产业的影响进行了分析。对于温泉水资源的管理，德国采取国家管理的办法，以保证温泉水清澈卫生，而英国则采取了私人管理的办法，这正是使英国 SPA 产业声誉变差的原因。在德国进行 SPA 产业工作的雇员都是经过专门认证培训的专业人员，而英国存在从业人员管理混乱的问题。总之，英国与德国不同的管理体制导致了 SPA 产业不同的发展道路。Abdul Rahim Samsudin 等（1997）对马来西亚 40 个温泉旅游地的开发进行了可行性评估，并总结了进行温泉旅游地开发的评价指标体系。一级指标分为技术层面指标和经济层面指标。技术层面指标包含温泉的地质构造因素、水质、水温和水量；经济层面指标包括温泉旅游地的可进入性、目前和潜在的市场状况、周边互补性资源的丰度和设置容量。

《临床皮肤医学》（*Clinics in Dermatology*）1996 年第 14 期为 SPA 专刊，介绍了法国、德国、希腊、意大利、以色列、保加利亚、西班牙、韩国、波兰、葡萄牙等国的 SPA 医疗产业的状况，包括国家 SPA 医疗产业的发展历史、SPA 医疗产业分布和类型等，由于从医学背景进行研究，因此对温泉旅游鲜有提及。

2. 温泉旅游市场研究

国外的温泉旅游市场研究偏重行为学研究。通常情况下，研究者首先设计分发问卷，然后对结果进行分析，这在研究上具有相对的方便可行性，并且场地进入门槛低，因而行为学研究成为温泉市场研究中较常见的一部分。在温泉旅游市场研究中 Withiam 和 Glenn（1993）对这一市场的消费者特征进行了描述，指出 "VOM"（口碑）是影响 "SPA goer"（SPA 消费者）进行 SPA 选择的重要因素。应该指出的是，其所谓的 "SPA" 与本书所谈及的温泉旅游地有所不同，其所提及的 SPA

包括了所有种类的 SPA。Boris Snoj 和 Damijan Mumel（2002）在进行问卷分析的基础上对斯洛文尼亚温泉健康旅游客源市场进行分析，指出了当时的调查问卷结果与十年之前同一调查问卷结果的差别所在，并分析了造成这一差别的主导因素。在文中作者得出如下结论：现有温泉健康旅游市场相对来讲，对国内游客的吸引力大于对国际游客的吸引力，其原因之一是温泉旅游产品附加值低，相关旅游产品设计少，原因之二是斯洛文尼亚旅游形象模糊，外国旅游者不知道其主打产品。对于温泉健康旅游经营而言，重要的不是增加硬件设施，而是完善"软件"，也就是说应从提高人员服务水平以及产品质量入手。随着西欧国家 SPA 理疗健康保险开支的减少，越来越多的人开始自己花钱来享受SPA，因此，温泉的医疗设施水平以及理疗人员的服务水平成为现在SPA 产业发展较为重要的影响因素。SPA 产业的客源仍然以病人与康复疗养者为主。山村顺次（1996）总结了不同类型温泉旅游地的客源市场特点：疗养型温泉旅游地的客源以邻近地区的老年回头客为主；观光型温泉旅游地又分为住宿娱乐型和户外游憩型两种，前者客源以公司职员、中老年阶层、中等规模团体游客和小规模团体游客为主，后者客源以学生、公司职员、青少年和家庭为主。Loverseed（1998）通过对北美温泉旅游市场的研究得出以下结论：一是与欧洲温泉疗养地以特殊病人医疗为主不同，北美的温泉疗养地更强调健身、减压、消除疲劳和减肥等功效；二是温泉旅游者从过去以美容为主要目的的女性旅游者转变为以康体、保养和消除压力为主的大众旅游者。

3. 温泉的开发与影响研究

John W. Lund（1996）论述了美国七个主要温泉度假村的发展历史，并对美国七个温泉度假村的发展与管理进行了详细描述。文章将美国温泉开发历程划分为三个阶段：印第安人把温泉作为宗教崇拜对象的利用阶段；早期的欧洲移民效仿欧洲 SPA 产业进行的医疗保养阶段；现在将其作为休闲娱乐旅游地的阶段。美国温泉水的开发分为三个类型：拥有酒店和住宿服务设施的高档次温泉度假村；拥有快餐店和野营设施的商业性温泉游泳池和浸泡池；没有经过任何开发的原始温泉地。William Bacon（1998）则对比研究了英国与德国政治经济体制对 SPA 产业开发产生的影响，见表 2 - 3。

表 2 - 3　英国与德国政治经济体制的不同对 SPA 产业的影响

对比项目	英国	德国
经济体制	结构松散的资本主义	条理化的资本主义
主导思想	自由市场经济	权力集中
政府的作用	保护私有财产	促进国家公有福利
当地政府权力	小	广泛、深入
产业开发	私人投资	国家公有与私有
环境管理	少	宜人的
健康管理	差	普遍
医药管理	少	贯穿全局
教育和培训	少、私人的	多、公有的
公共管理权	弱	强

Boris Snoj 和 Damijan Mumel（2002）指出斯洛文尼亚 SPA 产业吸引的旅游者虽然占全国旅游者总数的 1/3，但是 SPA 产业就业人数只占总就业人数的 8.6%。温泉一般地处经济较为落后的偏远地区，其开发往往能带动当地社会经济与福利的增长。Deborah Wightman 和 Geoffrey Wall（1985）指出，在国家进行管理的情况下，温泉的开发能带动当地交通以及城市化的发展。Dona Brown（2002）分析了 Saratoga Springs 经营成功的原因，并从游客体验角度出发，提出了应该如何对温泉旅游地进行开发与设计，游客体验角度是其与前人研究不同的地方。Patty Monteson 和 Judy Singer（1999）对美国 Homestead SPA 的重新建设进行了分析，提出应结合当下市场特征进行温泉内设备设施的恢复与重新

建设。

综上所述，国外的温泉研究较多集中在 SPA 产业相关研究上。由于国内、国外温泉旅游开发机制不同，因此，在很多时候很难直接从文献中获取我国研究可以借鉴的信息。但是，由于国外温泉开发时间早于国内，商业实践与社会保障体系较丰富和完善，因此，其在 SPA 产业发展机制、市场研究等方面的研究可以为我国所借鉴。

针对国外的研究内容、研究方向以及产业运营体制，我们所能借鉴的是，如何构建我国国民保养疗养体系从而使一般民众享有温泉疗养的权利。我国在改革开放之后将温泉保养与疗养业推向市场，进行市场化经营，温泉资源成为资本追逐的对象。大部分的温泉资源开发者在资本逐利的驱动下，将温泉旅游地包装成豪华高档的温泉度假村，市民只能靠支付费用才可以获得温泉的康养功效。从普通国民的保养与疗养权利以及国家福利保障体制上来看，这种一刀切、全盘市场化的做法在一定程度上背离了保障公众利益这一思路。社会保障体系的完善是社会进步与发展的标志，总有一天，普通民众将充分享受温泉保养与疗养权利。

二 国内温泉旅游研究的基本思路

国内温泉研究受中国温泉开发历史的影响，表现出自己的特点。根据文献检索，中国温泉研究文献多与医疗或地质相关，与旅游相关的文献鲜有出现。虽然文章总数较多，但是从研究的角度来看，能够有一定理论贡献的较少，根据作者对文献的掌握，我国温泉旅游研究主要分为以下三个方面。

1. 温泉旅游的开发

关于温泉旅游开发的文章在 2000 年之前较为常见。倪开刚等（1995）作为较早研究温泉旅游的学者，针对胶东温泉旅游的开发价值提出了自己的建议；林英杰、张燕文（1996）对茂名市电白区热水温泉风景区旅游资源的开发提出了自己的设想；罗琼（2002）以重庆市巴南区东温泉景区为例提出了自己的旅游开发建议。此外，部分学者研究内容涉及温泉文化、资源质量、客源市场、政府政策以及综合产品开发等多方面话题（黄远水等，1997；张建忠、杨新军，1998；曹俊、郭建强，2002；黄郁成，2003；毕斗斗，2003；胡仲义、夏中胜，2003；罗谦等，2004；毕燕，2004；高鹏、刘住，2004；李妍，2017；高杨、包文莉，2018；黄阵仙，2011）。其中最有代表性的是王艳平和山村顺次（2002）对中国温泉利用形式与变迁的研究，文章在借鉴西方温泉开发经验的基础上，研究了中国温泉开发历史，提出了温泉开发在中国南、北部存在差异的原因，并对我国目前温泉景区以洗浴为单一业务的现象进行了分析，提出了建议。该文章从客观实际出发，针对我国温泉开发现状以及与西方的差异提出问题，并加以分析，具有一定的指导意义。

从旅游地的角度对温泉旅游地进行研究是地理学者独有的视角，也是我国进行温泉早期研究的主要方法，成果颇丰。王冠贤、保继刚（2004）以从化新温泉旅游地为案例点分析了新温泉旅游地与老温泉旅游地的竞争关系，并提出了竞争主要因素模型。文章最后得出结论，温泉旅游地的竞争焦点随客源市场特征与地域范围的变化而变化，并且这种竞争是非替代性竞争。该文章为日趋激烈的温泉旅游地开发竞争提供了理论参考，不仅具有理论意义，而且具有一定的实践意义。王华、彭华（2004a）针对温泉旅游地的发展影响因素进行了分析并构建了模型。王艳平、金丽（2004）针对温泉旅游地"更·宽衣环节"现有的产品开发方式以及如何提升旅游者体验，借鉴日本温泉的管理模式，提出了中国温泉旅游地发展的改进方法。李鹏与保继刚（2014）就温泉旅游地开发中的资源产权问题提出，在国有旅游资源产权制度从"国家代理制"向"国家—私企双轨制"或"地方政府专营制"的转变过程中，科层体制下各级政府部门的政治协商是影响制度变迁的主要交易成本，正是对政治成本的考量直接决定了国有旅游资源产权制度变迁的走向。以上四篇文章都是地理旅游学研究学者针对某一特定问题进行深入分析，得出具有一定指导意义的结论。面对温泉研究领域较多"开药方"的研究现状，此种深入研究应该成为今后我国温泉旅游研究发展的方向。

2. 温泉客源市场研究

温泉客源市场研究是温泉研究中成果最为丰厚的一部分。在 2000 年代初期，将温泉旅游作为观光体验性旅游进行研究的论文较多。Kuo-Chien Chang（2003）对台湾温泉旅游地旅游者满意度进行了量化研究，在大量问卷调查的基础上得出结论：旅游标识系统、交通便利程度、当地基础设施、水池的卫生程度、洗涤卫生用具以及食品与饮料的提供等是影响游客满意度的主要因素。王华（2003）指出，温泉旅游地的游客以国内游客为主，近90%的游客来源于一级客源市场与二级客源市场，近80%的游客集中在4小时交通半径范围内的区域；温泉旅游地旅游市场淡旺季受气候和节假日的影响大；第二代温泉旅游产品（露天温泉旅游产品）的消费者仅60%以上是月收入在2000元以上的高收入阶层。王华还指出，温泉口碑、露天温泉特色、整体环境、温泉医疗功能是影响游客决策行为的主要因素；户外观光娱乐型和综合性温泉旅游地是游客喜爱的两大温泉旅游地类型；观光度假时游客出游目的以观光为主，度假为辅；大约三成游客是单位组织而来，这是游客出游的主要方式。王冠贤和保继刚（2004）总结分析了温泉度假村的特点：地域性与分带性，共性大而特性小，运营依赖重游率，淡旺季明显等。

近十年来，温泉旅游相对于其他旅游而言，出现了一段时间的客源回落，随着客源市场消费升级，温泉旅游客源市场也出现了升级的趋势，并且明显表现出了健康需求的迫切性。温泉旅游作为康养旅游的一种形式，开始被大众提上日程。李妍分析了我国温泉旅游的现状，总结了目前存在的问题——产品单薄无新意、缺乏品牌等，并且就发展理念、服务、设施等方面对我国温泉旅游发展趋势做出了预估。高杨、包文莉（2018）在仔细论证辽宁省温泉旅游发展条件、意义之后，提出了结合不同地域特点开发多元化产品、树立多层次品牌并加强区域协作的创新发展路径。黄阵仙（2011）对福建省温泉旅游品牌构建进行了专门研究，提出了品牌构建发展系统管理模型，强调了通过深挖当地文化资源和凸显地域特色，实现产品多样化开发、特色品牌定位准确的发展战略。

3. 温泉旅游开发的经验借鉴与反思

我国目前处于温泉旅游开发上升阶段，只有借鉴国外的发展以及管理经验，才能避免在发展过程中走弯路，因此，现阶段有不少温泉旅游研究从借鉴与反思角度进行。王华和彭华（2004b）对国内外温泉研究进行了综述，并总结了东西方不同的温泉发展阶段以及发展模式，提出了我国温泉发展的三个阶段，并预测了温泉旅游发展的趋势。姜莉等（2004）也在借鉴欧洲国家温泉旅游地开发经验的基础上提出了我国在温泉水资源管理以及开发设计上的合理化建议。王艳平（2005）在对比国内外温泉开发现状的基础上，针对我国温泉开发机制、开发政策、温泉旅游地的开发影响因素等提出了自己的观点。

综观国内温泉研究现状，目前仍处在温泉研究初期，深入研究较少，缺乏系统研究，且低质量"开药方"式文章充斥研究领域，因此在这个阶段亟须针对某一问题进行深入分析与探讨，去除浮躁。由于温泉旅游研究同温泉旅游实践不可分割，因此大部分研究对象集中在广东省与辽宁省等温泉开发实践较为活跃的地区。虽然我国温泉研究刚刚起步，但是在研究内容与研究方法上与国外研究相似，在结论上也存在相互借鉴的地方。同时，国外归来的温泉研究学者对我国温泉开发的人文主义思考，为我国温泉旅游研究搭建了一个较好的平台。学者应以旅游权益、可持续发展、区域思想等为核心，坚定温泉旅游的研究方向，采用经济学、心理学或者地理学的研究方法对具体案例进行深入探讨。

三 温泉旅游资源管理相关研究的特点

根据对国内外相关文献的分析，可以做出以下结论。

1. 温泉旅游发展与资源管理研究侧重基本特征研究

从现有文献来看，国内外关于温泉旅游发展的文献主要集中在温泉旅游地介绍、温泉旅游客源市场状况以及温泉旅游地开发等方面。对温泉旅游地的研究多数停留在特征描述阶段；对客源市场的研究虽然较多，但是没有深入了解温泉旅游客源市场与其他类型旅游客源市场的不同；对温泉旅游地开发的研究大部分是就温泉旅游本身的特征进行分析，对温泉开发过程中的资源管理并没有给予足够的重视。

2. 温泉旅游资源管理尚未被纳入温泉旅游研究领域

温泉旅游资源是温泉旅游地的核心，了解温泉资源的物理特性并不是温泉旅游开发的全部，还必须对温泉旅游资源整个管理体制，包括资源管理条例，进行分析。

3. 资源独享型温泉旅游地开发模式争论的理论实质

资源独享型温泉旅游地开发模式争论的实质为：在温泉资源的开发管理方面，到底是资源共享型温泉旅游地开发模式的效率与经济带动性更高还是资源独享型温泉旅游地开发模式的效率与经济带动性更高。二者代表了不同的温泉资源开发理念，都是解决问题的思路，但是具体哪一个更合适、更有效，还要看当地具体社会经济状况，需要开发者因地制宜地提出开发思路与对策。

所以，对温泉旅游地开发的研究要从资源管理着手，分析不同的资源管理制度下温泉旅游地开发的状况，从而为确定合适的温泉资源管理方案提供指导。

第三节　自然资源管理视角与温泉旅游地开发

一　自然资源管理相关理论

（一）自然资源管理不同模式与特征

中国在开发利用自然资源的过程中，采用过供给管理、需求管理、资源化管理、资产化管理等不同的管理模式（梁勇等，2003）。

供给管理主要是利用各种工程手段获取所需资源，它强调供给第一、以需定供。供给管理模式源于人们认为资源是"自然赋予"的传统观念。这种观念反映到生产上，必然表现为粗放经营和对资源的大量消耗；反映到生活上，必然表现为对资源的浪费和过度开采；进而反映到资源管理上，必然表现为松散式管理。

需求管理是随着人们的资源经济物品观的确立而产生的。需求管理着眼于资源的长期需要，强调在资源供给约束条件下，把供给方和需求方各种形式的资源作为一个整体进行管理。供给管理属于粗放型管理，在人类发展早期对资源需求量不大时或在资源丰富地区较为适用，但它忽视了经济效益和生态环境影响，实际上是一种不可持续的管理模式。需求管理弥补了供给管理忽视经济效益和生态环境影响的缺陷，更适用于在资源短缺情况下采用。

资源化管理是把自然资源视为一种实物，从物质上进行管理，包括数量管理、开发利用管理和保护管理等。资源化管理产生于计划经济体制，它注重资源的使用价值，却掩盖其收益权，忽视价值量，限制处置权。政府采用单一的行政划拨手段对全部资源进行直接管理和调配，形成比较完善和系统的实物量管理体系和相应的管理办法。资源化管理模式反映到生产上，由于缺少市场价格信号，资源的开发、利用和配置缺乏经济合理性，行政划拨中的盲目性在所难免，加之产权不清和缺乏流动性，资源的优化配置和高效利用实际上难以实现；反映到生活上，由于缺乏监督和激励机制，难以调动人们节约和保护资源的积极性，最终形成以高消耗、高投入带动经济增长的模式，导致资源浪费。

资产化管理就是把自然资源视为资产，在从开发到生产和再生产的全过程中，遵循自然规律和经济规律进行投入和产出管理。它有三个特征：确保所有者权益、自我积累和产权的可流动性。资源资产化管理的目的就是有偿使用自然资源，通过投入和产出管理，确保所有者权益不受损害，提高资源产权的可交易性，促进资源的价值补偿和价值实现。资源的资产化管理是市场经济发展的内在要求，通过采用符合市场经济规则的经济手段，形成强有力的约束机制和激励机制，从而提高资源的利用效率和配置效率。同时，资产化管理模式是对传统管理观念和管理方式的挑战，对深化我国整个资源管理体制改革和转变经济增长方式具有重要的意义。

通过对这四种自然资源管理模式的分析可以发现，单一管理模式很难实现资源最优配置。首先，供给管理属于粗放型管理，在人类发展早期对资源需求量不大时或在资源丰富地区较为适用，但由于它忽视了经济效益和生态环境影响，所以实际上是一种不可持续的管理模式。需求管理弥补了供给管理忽视经济效益和生态环境影响的缺陷，更适用于在资源短缺的情况下采用。将资源价格按边际成本进行定价，在理论上符合经济原则，但在实践中如何实现仍是一个值得探讨的问题。其次，资源化管理以实物为核心，侧重于采用行政手段对资源进行直接管理，它只揭示了资源的物质属性（使用价值）；而资产化管理以价值管理为核心，侧重于采用经济和法律手段对资源进行间接管理，它揭示了资源的经济属性（价值）。最后，由于行政管理手段存在缺陷，资源化管理模式会诱发管理中的寻租行为，从而导致浪费资源并产生腐败；由于现实经济活动中的市场失灵使市场交易存在成本而且交易成本往往较高，因此，单纯依赖资产化管理模式也不一定能够完全实现资源的最优配置。

（二）资源资产经营模式与资源资产流失治理

1. 资源资产经营模式

资源资产经营模式指在资源产权国有的前提下，资源产业以营利为目的，并以资源资产为劳动对象的资源开发经营形式的统称。目前我国资源资产的经营模式主要有以下五种。

（1）国家所有，行业包干的模式。

这种经营模式多由资源产业中的大行业采用，行业采用包干的办法，向国家上缴一定的税、利、费。这种经营模式可以促使整个行业多收多得，增加行业对资源保护的投入，而国家对资源行业不再投入。

（2）国家所有，集体或者个体经营的模式。

集体或者个体经营是指在保障资源国家所有的前提下，针对那些储量分散的或国有矿区边缘零星的资源，按照一定的程序和规定，允许集体企业或者个体经营者进行开采经营。这种模式有利于充分利用我国资源资产，加快资源的产出和基础产业的发展。

（3）国家所有，出让使用权的模式。

这是一种针对某一地区的资源资产，依据国家法律以协议、招标和拍卖的形式将其使用权有偿出让给经营者，并依据出让合同规定到期收回使用权的资源开发形式。这种出让使用权的形式适用于成片土地的开发。

（4）国家所有，中外合资或合作的模式。

资源资产开发利用中的合资经营，是指两国或两国以上的投资者，依据我国法律，通过签订合同，按一定比例或股份共同投资、共同管理、共享资源产品或利润、共同承担风险的股权或资源开发经营形式。

（5）国家直接经营模式。

对资源实行国家直接经营，是指国家对稀缺资源或居于战略地位的资源，因其对国民经济发展、生态环境改善和国家安全具有举足轻重的作用，而采取的由政府直接管理和经营资源开发企业或产业的经营管理模式。

2. 资源资产流失治理

国有资源资产的流失是指国有资源资产通过各种途径受到损耗，它具有五个方面的含义：①国有资源资产被免费或者低价使用，资产所有者没有获得应有的收益；②生产的外部不经济性使国有资源资产在数量上和质量上减少和下降；③国有资源资产未有效配置，造成资源资产的闲置和浪费；④国有资源资产的使用注重物质产品服务，忽视环境服务价值；⑤国有资源资产恢复没有"折旧"（姜文来、杨瑞珍，2003）。

国有资源资产流失的原因是市场失灵与政府失灵。市场失灵时资源资产市场不健全、市场机制扭曲或根本不存在市场，进而引发资源资产配置失效。由于资源资产的公益性、外部效应、不完全竞争等，资源资产配置存在市场失灵问题。政府失灵可分为项目政策失灵、部门政策失灵和宏观政策失灵（张帆，1998）。

政府失灵与市场失灵造成国有资源资产流失的具体表现如下：①理论缺陷引发的市场失灵导致国有资源资产流失；②不合理的国有资源资产产权制度使国有资源资产流失；③生产的外部不经济性造成国有资源资产流失；④多头管理和监督软化导致国有资源资产流失；⑤没有折旧导致国有资源资产流失。

国有资源资产流失治理可以分为以下几种模式。

（1）国有资源资产流失治理优化控制技术模式。

通过技术手段来优化资源资产配置，提高国有资源资产利用效率，这是防止国有资源资产流失的有效手段。

（2）国有资源资产产权调整治理模式。

针对我国国有资源资产产权存在的问题，改革现有国有资源资产使用制度，维持国有资源资产的再生产，提高国有资源资产利用效率，将国有资源资产的收益收归国有。

国有资源资产改革的目标就是明确国有资源资产各产权主体的责、权、利关系，也就是清晰界定国有资源资产的产权界限，使有关国有资源资产所有、使用、经营等的责、权、利界定清楚，并落到实处。

（3）国有资源资产的管理体制改革治理模式。

改革要做到以下几点：①加强国有资源资产登记，明确界定产权；②建立完善国有资源资产的监督体系，包括人大监督、行政司法监督、社会中介监督、民主监督等；③强化政府作为国有资源资产所有者的职能。

（4）其他管理模式。

加大国有资源资产价格研究力度，促使国有资源资产市场化；开展国有资源资产核算工作，从宏观上掌握国有资源资产动态；制定国有资源资产相关法律，从法律上防止资源资产流失。

（三）"公地悲剧"与自然资源管理

一般认为，萨缪尔森（1954）最早给出了关于私人产品与公共产品的分析性定义，他认为公共产品是指"每个人对这种产品的消费，都不会导致其他人对该产品消费的减少"。有些物品只符合非排他性的条件，但不符合非竞争性的条件，比如公共池塘中的水、公用草地资源、地下石油、地下水资源等，这实际上是一种"公有私益物品"，奥斯特罗姆等（2000）称之为"公共池塘资源"（Common-Pool Resource）①。有学者将具有消费的非排他性，但客观上却有消费的竞争性且不为任何人所有的自然资源称为"公共资源"。洪银兴和刘建平（2003）认为，公共资源由于没有（或者无法明确地界定和分割）产权而可以被

---

① 奥斯特罗姆认为"公共池塘资源"指一个自然的或人造的资源系统，这个系统很大，使得排斥因使用资源而获益的潜在受益者成本很高，或者说是大家共同使用整个资源系统，但分别享用资源单位。

享有使用权的任何个人免费使用。"公地悲剧"指有限的公共资源注定会因自由和不受限使用而被过度消耗。由于每一个个体都企求增加自身可使用的资源，因此最终会因资源有限而引发冲突，损害所有人的利益。这一概念起源于威廉·佛司特·洛伊在1833年讨论人口问题的著作中所使用的比喻。1968年，加勒特·哈丁在期刊《科学》中对这个概念加以阐释、延伸，称之为"公地悲剧"（The Tragedy of the Commons）。

为避免"公地悲剧"，学者提出了不同的解决方案，目前主要有三种。

（1）强权政府治理的"唯一"方案。

Ophuls（1973）认为，"由于存在着公地悲剧，环境问题无法通过合作解决……所以具有较大强制性权力的政府的合理性，是得到普遍认可的。"他的结论是："即使我们避免了公地悲剧，它也只有在悲剧性地把利维坦（Leviathan）① 作为唯一手段时才能做到。"Heilbroner（1974）认为，"铁的政府"，或许是军政府，对实现生态控制是绝对必要的。Ehrenfeld（1972）提出，"如果人们不能期待私人对维护公地的兴趣，那么，就需要由公共机构、政府或国际权威实行外部管制。"Carruthers和Stoner（1981）认为，如果没有公共控制，"过度放牧、公共牧场土壤的侵蚀，或者以较高的成本捕到较少的鱼"都必然发生，所以"如果经济效率来自公共财产资源的开发，那就要求对公共财产资源实行公共控制"。对自然资源，如牧场、森林和渔场，实行集中控制和管理的政策方案，已经得到广泛的认同，尤其是在第三世界国家。

但是，实施这种方案的前提条件是政府能够准确地确定一个公共池塘资源的总量、明确无误地安排资源的使用、监督各种行为并对违规

---

① 利维坦原指《圣经》中象征邪恶的怪兽，在英国理性主义传统的奠基者托马斯·霍布斯的《利维坦》中其借指"强有力的中央政府或铁腕统治者"或"暴君统治"。

者实行成功制裁，这样一个中央机构便能改变哈丁牧人的博弈结局，形成一个对牧人来说是效率最高的均衡。

（2）产权私有化的"唯一"方案。

与强权政府解决方案相对应，Demsetz（1976）和 Johnson（1972）认为，凡是资源属于公共所有的地方，均应强制实行私有财产权制度。Robert Smith（1981）认为，"无论是对公共财产资源所做的经济分析还是哈丁关于公地悲剧的论述"都说明，"在自然资源和野生动植物问题上避免公共池塘资源悲剧的唯一方法是通过创立一种私有财产权制度来终止公共财产权制度。"Welch（1983）认为，"为避免过度放牧造成的低效率，完全的私有产权的建立是必要的"，公地的私有化对所有公共池塘资源问题来说都是最优的解决办法。

但是，对某些资源的产权进行划分并不容易，例如水和渔场，正如Colin Clark（1980）指出的那样，"消解海洋渔场资源中的'公地悲剧'，已被证明是特别困难，因为在那里确立个人的财产权利事实上是不可能的。"

（3）自主组织与自主治理方案。

奥斯特罗姆的实证研究说明，"无论国家还是市场，在使个人以长期的、建设性的方式使用自然资源系统方面，都未能取得成功。而许多社区的人们却能借助既不同于国家也不同于市场的制度安排，在一个较长的时间内，对某些资源系统成功地实行了适度治理"（奥斯特罗姆，2000）。她认为对于一些特殊的公共资源，社区自治也是一种有效的管理方案。

但是，奥斯特罗姆所研究的公共池塘资源的类型有相当的局限性：①资源是可再生的而非不可再生的；②资源是相当稀缺的，而不是充足的；③资源使用者能够相互伤害，但参与者不可能从外部来伤害其他人；④仅限于小范围的公共资源。

二 自然资源管理视角下的温泉旅游地开发

(一) 资源无限开采型温泉旅游地开发

资源无限开采型温泉旅游地主要指既存温泉旅游地。这是由于过去是政府直接赋予开发者（主要是机关事业单位）温泉采矿权，缺乏有效的管理方式，往往形成大量温泉开发单位在泉眼附近集聚的情况。同时，由于当时缺乏对国有资源资产的足够认识，因此对资源的开发往往形成对温泉水资源的掠夺式开发、无限制利用，最后造成温泉水质下降，严重的甚至造成泉眼枯竭，从化温泉的开发就是此类典型。

另外，资源无限开采型也包括在温泉资源开发得到法定开发程序批允之前，当地居民利用简单设施进行的温泉开采、洗浴使用。此种开发规模小，一般不使用人工开采，多为天然自流，使用温泉的多为当地居民。这种类型在泉眼所在地较多存在，特别是温泉资源埋藏浅，容易天然露头的地方。由于没有经过法定程序的批准，只是基于当地居民自发行为的一种开发，而且在开发中当地居民多与管理部门通过私下协商的方式进行开采，没有对探矿权与采矿权进行明确规定，因此这也被归为资源无限开采型的一种。

(二) 资源有限开采型温泉旅游地开发

进入 1986 年，中国温泉的开发实现了历史性的转折，经过相关部门的审批之后，开发者才可以获取温泉资源探矿权与采矿权。这样温泉的开采不再是无限制、无节制的开发，而是走向了法制化、科学化与合理化的道路。在这种历史环境下，形成了温泉资源管理的两种发展趋势：一种是由当地政府出面出资完成对温泉资源的初期勘探工作，向社会招标，引进温泉项目；另外一种是由个别企业出资，独自完成温泉资源的初期勘探工作。针对前一种政府勘探型温泉旅游地，在初期工作完成之后，政府可以在招标引资时将温泉的采矿权转让给商家，同时收取一定的成本费用，也可以继续控制温泉的采矿权，通过向商家出售温泉水进行温泉旅游地的开发与管理。而针对直接由企业出资开采温泉资源这一类型，进行探矿的企业可以优先获得温泉的采矿权，当然，在进行温泉开采的同时要缴纳一定的资源税与资源补偿费。综上所述，前一种被称为资源共享型温泉旅游地开发模式，后一种被称为资源独享型温泉旅游地开发模式。

因此现在温泉资源的旅游开发模式大致分为这两大类四小类，见图2－1。本书主要研究的是从1993年到现在为止恩平市几个温泉旅游地开发模式的形成过程。图中有阴影部分为本书主要研究的温泉旅游地开发类型。

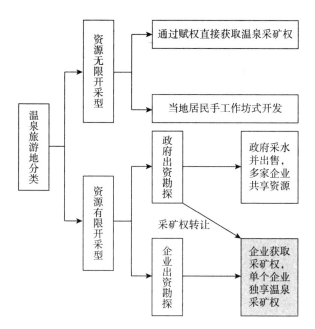

图2－1 温泉水开采与旅游地分类

第三章

资源独享型温泉旅游地开发

——以广东省恩平市温泉旅游地为例

第一节　恩平市概况

一　恩平市社会经济发展现状

恩平市，古称"恩州"，广东省江门市代管县级市，为"五邑"之一，位于江门市西部，东与开平、台山接壤，南邻阳江，西接阳春，北连云浮，濒临南海。全市总面积 1698 平方千米，海岸线长 21 千米。下辖 1 个街道和 10 个镇。2018 年末户籍总人口 50.00 万人，地区生产总值 198.33 亿元。

恩平建制始于东汉建安二十五年（220 年），是南粤千年古邑，广东省建县时间最长的 20 个县之一，有中国历史文化名村歇马举人村、广东人民抗日解放军司令部驻地旧址，是"中国航天之父"冯如故里。恩平旅外华人华侨和港澳台同胞人口众多、分布全球，是中国著名侨乡。

恩平市国民经济发展水平在江门市下属县（市、区）中一直相对靠后，根据江门市的统计年鉴，从 1978 年至今，恩平市的国民经济发展水平一直处于江门市下属县（市、区）中最后一名的位置。

恩平市属粤港澳大湾区城市群，是广东省批复确定的珠三角西岸现代产业基地和温泉旅游休闲度假胜地，是中国麦克风行业产业基地、中国演艺装备产业基地、中国避寒宜居地、中国温泉之乡，有恩平地热国家地质公园。

虽然恩平市国民经济的整体发展水平相对落后于江门市其他县（市、区），但是其第三产业的发展水平却在江门市下属县（市、区）中靠前。根据 2018 年江门市统计年鉴数据，2018 年恩平市住宿与餐饮业的总收入为 106391 万元，位居江门市第二，仅次于新会区。其原因在于恩平市早在 20 世纪 90 年代便奠定了旅游发展的基础，以温泉为特色促进当地旅游业的发展。恩平市的温泉旅游在 1990～2010 年实现了较快速的发展，理念领先于省内甚至国内其他同类温泉旅游地，为恩平市旅游产业的发展奠定了基础，设定了未来的发展框架。

二 恩平市旅游业发展概况

与其他相对落后地区的旅游产业发展情况类似，恩平市的旅游业发展在当地经济发展中扮演了领头羊的角色，第三产业总产值在恩平市国民经济中的比重分别高于第一产业与第二产业总产值比重。2018年，恩平市第三产业总产值为 1184985 万元，远高于第一产业的 205353万元与第二产业的 592933 万元，在江门市下属县（市、区）中，其第三产业总产值仅次于新会区，排名第二。在恩平市当地国民经济结构中，旅游产业扮演着举足轻重的角色。

恩平市在发展旅游的过程中明确地打出了"温泉旅游"的招牌，并依托温泉资源引进社会资本进行温泉旅游产品开发，取得了巨大成效。金山温泉被冠以"天下第二泉"的名号。从金山温泉开发至 21 世纪初锦江温泉开发，恩平市温泉旅游产业的发展取得了瞩目的成绩。这一方面得益于普通民众的消费水平日益提高和对健康型旅游产品的需求日益增长，另一方面得益于当地社会资本受"侨"文化的影响，采取了较为先进的温泉开发模式，满足了市场对温泉旅游产品体验升级的需求。21 世纪初，金山温泉、温泉乐园、帝都温泉与锦江温泉的群体性开发使恩平市的旅游产业迎来了前所未有的繁盛时代，这一时代以温泉旅游为特色。

由于恩平市社会经济发展相对落后，在发展旅游方面，恩平市难以借助选址较为偏远的温泉旅游地形成城市旅游；其他乡村旅游资源因为交通不便与配套设施不完善也难以得到充分开发。近年来，恩平市社会经济发展水平持续提高，旅游产业得到了新的资金注入，乡村旅游得到初步开发，这使恩平市形成了现代旅游产业发展框架，并开始逐步摆脱温泉旅游单项旅游产品开发的局面。

恩平市 2018 年成功创建全国首个"中国避寒宜居地"，并连续四年荣获"广东省旅游创新发展十强县（市）"。圣堂镇歇马举人村成功创建"广东省文化和旅游特色村"，水塘村被评为"江门市乡村旅游示范村"。温泉旅游产业的发展在新时期开始采用房地产化的发展模式，山泉湾温泉城、水禾田温泉、泉林黄金小镇、恒大泉都旅游城都是依托温泉旅游资源开发出来的房地产项目，其内核仍然是温泉度假村。恩平市在全省率先举办中国农民丰收节庆祝活动，成功举办温泉欢乐节、簕菜文化美食节等节庆活动，2018 年全年接待游客 790.2 万人次，旅游总收入 56.08 亿元。

三　温泉旅游地企业概况

金山温泉度假村占地 800 亩（1 亩≈666.67 平方米），开发利用面积 580 亩，水质类型属重碳酸钠型含偏硅酸氟温热水。景区环境优美，功能齐全，是一个集温泉疗养、健身康乐、商务会议于一体的度假胜地。温泉乐园毗邻金山温泉，占地 60 亩，开发利用面积 60 亩，水质类型属重碳酸钠型含偏硅酸氟温热水。建有各类豪华别墅和多种特色浴池，突出日式风格，最近新建了奇石温泉和岩洞温泉，深受游客青睐。

帝都温泉度假村占地 2500 亩，开发利用面积 700 亩，绿化面积 2100 亩，是目前全国最大的山水文化温泉，水质属重碳酸钠型含偏硅酸氟温热水。旅游区自然环境优美，突出中国传统文化特色，温泉文化氛围浓厚，被世界养生组织授予"世界温泉养生基地"，2009 年 6 月被中国医师协会、养生专业委员会授予"健康之都"，2010 年 5 月被中国矿业联合会授予"中国 AAAAA 级温泉度假区"。

锦江温泉旅游区占地 670 亩，开发利用面积 350 亩，水质属重碳酸钠型含偏硅酸氟温热水，是全国第一个集温泉冲浪、热河漂流于一体的大型游乐温泉度假村。2002 年 4 月开始营业，于 2006 年被评定为"国家 AAAA 级旅游景区"。

四 温泉旅游地案例典型性分析

恩平市温泉旅游地的发展具有典型性，表现在以下几个方面。

1. 案例地发展时间长

恩平市民间温泉开发始于 19 世纪 80 年代，正式成为私人企业营利性活动始于 20 世纪 90 年代初。金山温泉于 1996 年正式营业，拉开了大型温泉经营的序幕，被认为是在我国最早经营室外温泉的企业。帝都温泉于 1999 年正式营业，时值室外温泉发展的高峰期，当时的室外露天温泉较注重园林设计。2002 年锦江温泉开业，锦江温泉以室外水上运动项目为特色。恩平市温泉旅游地的开发从 20 世纪 90 年代初到现今，发展了二十几年，且不同时期的温泉建设表现出不同的特色。

2. 案例地类型多，空间相对集聚

恩平市三个不同的温泉旅游地特色各异，对恩平市来讲，形成了较为典型的温泉旅游产业集聚，几个温泉旅游地既相互竞争又在一定程度上相互促进。与原有的在某个温泉泉眼附近酒店的集聚不同，这是在

相对宏观层次上的集聚，这种类型的温泉旅游地在国内少见，具有类型上的典型性。

3. 知名度高

恩平市政府自从确定旅游立市的发展战略以来，用温泉旅游打造当地旅游产业品牌。2002 年恩平市获得"温泉之乡"的称号，2003 年恩平市政府成功举办侨乡旅游节，2005 年广东恩平地热国家地质公园被正式授牌。政府通过扶持温泉旅游产业的发展，提高了当地的知名度。

4. 企业典型性

恩平市早期建设的几个温泉旅游地在温泉旅游地的类型、运营模式上具有典型性。金山温泉的采矿权为金山温泉所享有，与其毗邻而居的温泉乐园从金山温泉购买温泉水。帝都温泉与锦江温泉都享有独立的采矿权。从本质上来讲，温泉采矿权确实都为三个企业实体所享有，但是在实际的操作中又有不同。金山温泉是我国第一代露天温泉产品的发起者，最先引导温泉旅游度假产品从室内走向室外；帝都温泉是我国早期进行园林温泉开发的引领者，主要采用具有东南亚风情的室外主体风情泉池来营造度假氛围，对第一代室外温泉进行主题化包装升级，以当时较为流行的东南亚热带风情园林主题为特色；锦江温泉的运营标志着温泉旅游开发的游乐主题转向，这是对室外温泉的又一次升级改造，温泉旅游产品由注重疗养功能转变为注重游乐功能。

第二节　热水镬温泉开发历程

热水镬温泉采矿权为金山温泉发展有限公司所独享。该温泉旅游地现有两家温泉企业，分别为金山温泉度假村（以下简称金山温泉）与温泉乐园，温泉乐园从金山温泉购得热水，进行开发。

一　温泉地质概况

热水镬温泉位于那吉镇东 1 千米的那吉河中，与热水萌村相邻，东距恩平市区 22 千米，每天有多趟旅游班车开往恩平市区，交通十分便利。

热水镬温泉于 1993 年正式开发，在当时，开发者将原温泉出露相对集中之处围筑成热水池，采集自然涌出的温泉水进行营业使用，日涌水量为 1600 立方米，供室内外浴池使用。由于不能满足需求，1993 年底到 1995 年底先后请两个施工单位为其施工了六眼热水井，其中只有两眼得到有效利用，两口井合计水量为 1250 米³/天。1998 年底，这两眼井中的一眼（出水量为 1000 米³/天）因水泵跌落井底而报废。1999 年 9 月 1 日，恩平市金山温泉发展有限公司为了查明金山温泉度假村地热田的地质条件、热储特征、地热资源的质量和数量，并达到提供开发利用温泉资源和申办采矿许可证的资料依据的目的，委托广东省地质勘查局七五七地质大队承担此项勘探工作任务。热水镬地热田热水水质为含 F、H_2SiO_3、Ra、Rn、HCO_3、Na 型低矿化度热矿水，其中氟离子达到医疗矿泉水标准，可称为氟水。热水 B + C 级储量为 2842 米³/天，其中 B 级储量为 1600 米³/天[1]。由于该地热田废地热流体中氟的浓度超过了允许排放的标准，因此应该加强对排放的温泉水的水质监测，以确保其不危害周围环境。

以热水镬温泉为温泉水使用来源的为毗邻而居的金山温泉与温泉乐园两家企业。

金山温泉天然泳池按温度分为三级。一级池自然水温常年达 70 摄氏度，泉眼水温约为 80 摄氏度，游客可目睹温泉水汩汩流出，水质清

---

[1]　广东省地质勘查局七五七地质大队：《广东省恩平市金山温泉度假村地热资源勘探报告（1999 年）》。

纯，一级池是温泉自然涌出的区域，水温较高；二级池温度保持在35~40摄氏度，适于秋冬时节浸泡；三级池近2000平方米，池面宽广，温度在30摄氏度左右，最宜夏季浸泡戏泳。金山温泉现已建成的客房区有金山温泉度假酒店、金山楼、金福楼、园中园、园中新园，另有欧陆风情小型别墅区温泉山庄、梦泉山庄、龙泉山庄和超级豪华别墅区玉泉花园，可提供多种类型的客房421间，床位880个。金山温泉提供乒乓球、英式桌球、美式桌球、溜冰、网球、羽毛球、篮球、足球、骑马、骑骆驼、滑板车、卡拉OK包间、露天卡拉OK茶座、烧烤、高尔夫练习等娱乐项目。此外，金山温泉还引资开发了民俗园与野战场，丰富了景区娱乐项目。

温泉乐园与金山温泉毗邻而居，占地40000平方米，是一家以温泉文化享受为主题，集医疗保健、山乡风味餐饮、商务娱乐、园林建筑艺术于一体的综合性旅游度假村。温泉池占地7000平方米，有30多个，分为娱乐型、健身型、休闲型、理疗型，温泉文化气息浓厚。温泉乐园是一家提供温泉娱乐、理疗健身、度假休闲服务的综合性度假酒店，建有多种欧陆风情豪华别墅和情侣小居。目前，园内建有豪华别墅8幢，情侣山庄别墅16幢，双层度假山庄6幢，蜜月情侣山庄8幢，共有客房床位350个。温泉乐园餐饮部金泉酒楼有餐位320个，大厅可容纳200人同时进餐。另有贵宾房5间，中型宴会厅1个。餐厅主要为客人提供山乡风味菜式和田间美食，烹制当地时鲜蔬菜。温泉乐园还有会议室、卡拉OK歌舞厅、射箭场、乒乓球室、桌球室、阅览室、旅游商场、电子游戏机室等配套设施。

二 热水镇温泉资源配置过程

温泉的原始开发状态指各个温泉旅游地在无大量资金注入情况下的利用状态。商业开发之前，当地村民已经利用当地温泉水，在温泉水出露的地方屠宰牲口，由于水温较高，当地村民可以在泉眼下游或者附近沐浴。较高的水温与较大的自流量使得热水镬温泉有别于其他温泉。在 20 世纪中叶，曾有专家建议把热水镬温泉作为热能进行开发利用，但是由于当地政府缺乏足够的开发资金，因此温泉开发作罢。

（一）热水镬温泉初期开发

热水镬温泉的开发是从 1988 年开始的。当时，恩平县（1994 年恩平撤县设市）那吉镇卫生院和华人行（香港）航运有限公司对热水镬温泉进行联合开发，并成立了恩平县那吉镇金山温泉理疗康复中心。此次合作主要由港方出资，投资总额达 40 万美元，那吉镇政府负责土地收购与温泉水提供。在当时，康复中心主营项目为桑拿、住宿及浸浴等，与社会上其他温泉疗养院的性质已经完全不同。金山温泉理疗康复中心拥有简陋的温泉浴室 600 平方米，推拿房 400 平方米，客房 80 间，固定资产总额约 350 万元。

金山温泉理疗康复中心经营比较成功，是当时江门市唯一一家温泉疗养院，具有独创性，成为政府的主要接待单位。但是由于规模较小，利润较低，每年利润保持在几十万元。由于管理不善，温泉旅游发展中滋生了色情服务业。1992 年，金山温泉理疗康复中心开始走下坡路，政府接待量相对减少，那吉镇卫生院退出金山温泉理疗康复中心股份。同年，恩平县宏兴房地产开发有限公司与原港方集团共同进行温泉开发建设。

（二）热水镬温泉的规模开发——温泉旅游地产模式

1993 年，港方撤资，宏兴房地产开发有限公司与澳门依华达实业有限公司共同出资收购原港方资产，重新规划金山温泉发展蓝图。同年 2 月，在宏兴房地产开发有限开发公司牵头下，广东金华实业开发总公司、东莞市金荣实业公司和澳门依华达实业有限公司合作，收购了金山温泉理疗康复中心所有资产，在其基础上增资扩建，成立了中外合资企业恩平县金山温泉度假村有限公司。

1995 年初，金山温泉股东在土地招商引资等问题上产生了很大分歧，众股东纷纷提出退股。澳门投资方首先退股，其后，东莞与恩平投资方退出合作。在诸多股东退出合作之后，金山温泉的开发资金运营陷入了困境。为摆脱困境，董事会采取了多种办法来维持和促进度假村的运营与发展。

1997 年，董事会提出更灵活的合作方式，针对部分娱乐项目开发用低价土地租金吸引合作者，大力推动福利型度假别墅的引资建设。1998 年，董事会又通过以地顶债的方式来盘活土地资产、甩掉包袱、调动各个股东的积极性。梦泉山庄与温泉乐园为这一时期金山温泉以地顶债的结果。其中梦泉山庄为五邑大学所有，温泉乐园为南海商人梁先生所有。梦泉山庄与温泉乐园分别采用了不同的托管模式。梦泉山庄是在金山温泉度假村建设资金不足的情况下，江门市五邑大学投资 800万元所兴建的。梦泉山庄被托管给金山温泉度假村，金山温泉收取一定的管理费用，并向五邑大学提供一定的营业收入。

温泉乐园于 1998 年 7 月成立。金山温泉因无力偿还建筑装修工程费用，将金山区内编号为 K 区的 40000 平方米土地转让，从而有了温泉乐园。在温泉乐园经营初期，梁先生将部分可以经营的物业以托管的形式交由金山温泉经营。温泉乐园最初的定位是老年温泉颐养院——一个小型的精品温泉社区。在实际经营中，温泉乐园在经营范围与产品设计上与金山温泉相似。温泉乐园的经营范围包括中西美食、旅游保健品、住宿、温泉泳池、卡拉 OK、美发美容、桑拿、康体娱乐。由于温泉水资源在当地并不丰富，在温泉资源的开发与使用上两家温泉企业产生了资源争夺的矛盾。

在 2000 年，恩平市政府对两家经营企业展开协调，并明确了恩平市对于温泉资源要统一开发、统一规划、统一管理，主要决定如下[1]。

----

① 恩平市政府办公室：《政府工作会议纪要》（2000 年第 13 号文件）。

（1）加强规划管理。要做到统一规划，控制规模，适度开发。金山、帝都（月水）、天湖（朗底）①三个温泉项目的建设总体规划要上报市政府批准，目前已经建设的工程项目，可给予保留，但今后新上的建设项目，必须先经市政府审批总体规划后才能建设。

（2）加强开发管理。严格控制温泉水的开采量，要以办理采矿证批准的日采水量标准确定每日最大供应量，不能无限制开采，具体方案由市地矿局提出意见，报市政府批准实行。要提倡科学、节约用水，杜绝浪费行为。每个温泉点只允许一家企业开采，实行统一开发和统一管理，防止竞争性开采。对违法违规开采行为，要依法制止。那吉温泉乐园擅自挖掘的温泉出水口，没有得到有关部门批准，要依法封堵，其温泉水只能由金山温泉发展有限公司提供。金山温泉发展有限公司要保证温泉乐园目前客房的温泉水正常供应，浴池用水也要尽量保证，供水价格由市物价局核定。

（3）温泉附近的地下河地表水的利用也要严格控制，加以保护，确保温泉资源不被破坏。对所在地真能够给予自来水供应的，由镇统一供水；如建设期确实需要开井取水的，必须依法办理有关报批手续。开采区现要控制在一年之内，并尽量想办法从远处饮水供应，严禁未经同意擅自开井取水。

（4）严禁新上温泉项目。目前，原则上只允许保持三个温泉开发项目，良西镇黑坭温泉和今后再发现有温泉需要开发的，必须提供详实的可行性方案，报市政府同意后方可开发。

（5）有关镇及职能部门要加强对温泉资源开发的指导和服务，增强开发上的资源保护意识，要依法依规加强管理，确保温泉资源良性开发，实现可持续开发和利用的目标。

---

① 最后正式定名为锦江温泉。

至此，温泉乐园与金山温泉的经营纠纷完全解决。温泉乐园以每吨3元的价格从金山温泉购得温泉水，维持自身经营。2001年2月28日，恩平市地质矿产主管部门通知温泉乐园安装热水计量表，并且每月都派人来登记用水量。2001年4月5日，金山温泉获得温泉的采矿权，规定开发规模为2840米³/天。而恩平市也至此确立了"每个温泉点只允许一家企业开采"的规则，这对之后恩平市的温泉开发影响深远。

温泉的探矿权与采矿权早在1996年修订的《矿产资源法》上就得到了明确规定，但是历史问题的遗留以及当地管理部门的缺位造成温泉使用过程中的产权不明晰问题，这正是温泉乐园与金山温泉产生纠纷的关键原因。

温泉企业在温泉开发中以营利为目的，短视效应明显，温泉企业对温泉水的使用多存在侥幸心理，这使得在热水镇温泉开发过程中采矿权一直没得到有效确认，进而造成了在后期开发过程中温泉乐园抢先一步获取了采矿权。温泉旅游地开发需要大规模的资金注入，特别是当采矿权为单个企业法人所享有时。在金山温泉案例中可以看到，由于市场尚处在发展初级阶段，并没有大规模资金投入温泉资源开发领域，因此投资方很难实现单独的规模资金运营，往往采取资本联合的形式进行资源的开发与管理。当地政府出于保护资源的目的，为了避免企业之间的恶性竞争，规定了温泉资源采矿权由一家开发企业单独享有。在实际的运营过程中，这造成企业发展不尽如人意或者走下坡路。依托单个企业的温泉旅游地开发因为单个企业的经营不善走向衰落，温泉旅游地开发风险较大，大部分温泉资源不能得到有效利用，实际上容易造成国有资产的浪费，使当地丧失了更好的发展机会。

三 热水镇温泉社区发展状况

在温泉开发之前，金山温泉开发方与当地社区针对开发之后的温泉资源管理问题展开过讨论。金山温泉管理方承诺，在开发之后，保证当地居民的温泉水供应。1997 年，正值金山温泉经营呈上升势头，村内温泉水供应量较大，当地村民将金山温泉补给的温泉水租赁给外地人进行温泉开发。热水菌村温泉的商业开发对金山温泉客源造成一定影响，金山温泉经常停止供应热水给热水菌村村民。

2000 年 9 月，针对金山温泉与热水菌村温泉水使用的矛盾，恩平市政府办公室主持召开解决金山温泉发展有限公司与热水菌村有关矛盾的协调会议，恩平市政府办公室、旅游局、公安局、地税局、信访办、金山温泉发展有限公司和那吉镇委、镇政府、企业办、派出所、工商所、地税所的负责人参加了会议。会议针对金山温泉发展有限公司与热水菌村因供应热水问题产生的矛盾进行了分析、研究，提出了解决方案，会议部分决定[①]如下。

（1）取缔热水菌村承包给个人经营的热水浴池。由于热水菌村承包给个人经营的热水浴池没有经相关部门批准，无任何证照，属于违法经营行为，而且是目前整顿娱乐服务业的重点项目，要坚决取缔。取缔工作由市公安局、工商局、地矿局、地税局抽调人员抓落实。取缔热水浴池后，对热水菌村造成的承包费损失，在协商同意的前提下，由金山温泉发展有限公司给予合理赔偿。

（2）为保证资源合理有效开发和利用，将金山温泉天然池至热水菌村露天池的 8 寸自流式管道予以封堵，改为铺设一条 2 寸管道，加压定时供应温泉水给村民使用，有关费用由金山温泉发展有限公司负责。

根据此次会议的决定，金山温泉每年补偿 5 万元给热水菌村村委会，并且温泉水改为每天晚 7 点到晚 9 点按时供应。

---

① 恩平市政府办公室：《政府工作会议纪要》（2000 年第 10 号文件）。

综观当地居民与金山温泉在整个事件中的表现，可以得出如下结论：①温泉资源是当地居民生活中不可分割的一部分，在温泉开发的过程中要充分重视当地居民的权利；②在温泉资源的开发过程中必须采取适当的方式补偿当地居民；③对于温泉旅游地的开发，只依靠一家企业的产品供应难以满足市场的多样化需求；④当地居民与温泉企业虽然同意了单一垄断形式的温泉资源开发方式，但是从对社区发展的影响来看，产业链的下游并没有形成联动机制。单个企业对资源的垄断开发需要考虑对社区的影响，考虑其是否具有足够大的规模和实力进行整体大型开发，考虑其影响力是否足够影响和带动社区的经济发展与就业。

四　热水镇温泉资源的管理

（一）温泉水的开采量

广东省地质勘查局规定，金山温泉的温泉水开采限制量为 2840 米^3/天。金山温泉规模大，淡旺季明显，用水量也呈现类似的特点，水量的使用有明显的淡旺季区别。而温泉乐园规模较小，受客源市场淡旺季影响不大，全年用水较为平均。

在一年中的大部分时间，由于温泉企业规模较小，温泉水的使用量远远小于每月总开采限制量，而在旺季的时候温泉水的使用量则超过开采限制量。从总体上来看，金山温泉的温泉水资源在大部分情况下处于一种闲置状态。从某种角度上来讲，这是资源配置效率低下的一种体现，造成了国有资产的浪费。超量开采破坏环境平衡，是资源利用的外部不经济性体现，也是温泉资源配置低效的一种表现，经常性地超量开采容易导致地面下陷，引起自然环境的恶化。

（二）温泉水开采的监督机制

虽然温泉水开采许可证规定，针对企业每天的温泉开采量进行监督，但是实际上地矿管理部门往往很难做到这一点。恩平市地矿部门对

温泉水的开采管理只是采取每月读取水表的方式，并向温泉企业收取
0.3元/吨的矿产资源补偿费。

温泉旅游客源市场的淡旺季变化在一年中有体现，游客量波动变
化在一周之内也有体现。游客量与温泉水的使用量成正比。周五到周日
游客较多，为温泉水在一周之内的使用高峰期。而一年之中以秋冬为旺
季，几个黄金周也是游客大量增加的日子。黄金周期间大量游客蜂拥而
至，容易导致温泉水超量开采。从对温泉水资源的开发监管角度来讲，
必须对温泉开采量进行以日为单位的监督，保护自然环境，避免温泉水
资源因超量使用而造成浪费。

此外，金山温泉的泉水为氟水，所含氟离子超标，在排污之前应该
进行处理。而金山温泉采取直排法，对那吉河的河水造成直接污染。

五 热水镇温泉旅游产品开发

（一） 温泉旅游产品设计与营销

金山温泉度假村的开发定位为温泉旅游房地产，依托温泉资源，开
发休闲度假地产，其占地将近53万平方米。当时，开发者由于对地产
开发投资的狂热，没有经过认真的市场调查与需求研究，单凭一张简单
的图纸就进行盲目投资建设，最后难免造成项目的失败。

在经过几年的建设之后，管理者已经放弃了原有的管理思路。现如
今，金山温泉形成了以温泉休闲洗浴、温泉度假别墅为主，并配置其他
各类休闲游憩设施的开发模式，形成了以温泉洗浴为核心的旅游产品
开发体系。

金山温泉的露天浴池建设开始于1993年，与之前的室内温泉洗浴
不同，金山温泉开创了一个新的温泉洗浴方式，引领了20世纪90年代
温泉旅游产品设计的发展。

金山温泉的露天温泉池是第一代露天池，在形式上借鉴了游泳池
的开发方式。1999年，金山温泉在原有露天池的基础上进行了扩建，

增设了园林设计部分，但是露天池区已有的空间格局较难改变。此后，金山温泉由于产品老化，较难在规模和设施上与周边温泉旅游度假村竞争，在资金启用上也陷入较为窘迫的境地，投资不断减少，温泉旅游地渐渐走向衰退阶段。金山温泉平日价格为 248 元/人，假日为 268 元/人（包一日三餐），温泉池门票散客平日 7 折，假日 8 折，单洗 98 元/人起。针对温泉开发淡旺季较为明显的特征，在平时周一至周四，对外地游客给予一定的温泉门票价格折扣。

温泉乐园建于 1998 年，在温泉池的设计风格上比较接近日式温泉，为园林风格，温泉池隐藏在绿树或者假山之后，后又在露天池的经营上采取了与金山温泉同样的策略。由于两家温泉企业距离较近，产品差别较小，金山温泉的低价售票方式很容易对温泉乐园的客源造成冲击。但是在整体上，两个距离较近并且产品略有差异的温泉企业给了旅游者更多的选择，在旅游旺季，两个企业的资源可以实现互补，满足整体客源市场的需求。

温泉度假村相对于一般星级酒店房价较高，但是在实际的营销过程中，一般会给予一定的折扣，并且对签约的旅行社的折扣可以达到 2~3 折。一般的折扣原则为淡季周一到周四 4~6 折，而旺季周五至周日为全价。温泉旅游产品其实并不是价位较高的奢侈品，而是一种较为大众化的旅游消费品。

金山温泉于开业之初在广州市设立了办事处，随着竞争的激烈，2003 年在佛山市设立办事处，2004 年在东莞市设立办事处，营销网络的建设促进了温泉产品的销售。随着时代的发展，网络营销逐渐兴起，办事处制度也慢慢消失。目前游客主要依靠网络进行温泉酒店的预订与相关信息的了解。

（二）热水镇温泉配套产品的开发

金山温泉被广东省工商银行控股之后，进入了发展相对艰难时期。金荣公司是省工商银行下属的一个实业单位，总公司只是委派管理人员时不时来金山温泉视察工作，面对竞争日益激烈的产业并没有对金山温泉进行更大规模的投入。1999 年金山温泉进行股东调整后，管理陷入举步维艰的局面，经营陷入僵局。

2000 年之后，广东省温泉开发进入新的发展阶段，御温泉室外园林式的温泉开发吸引了众多消费者，先进的经营理念以及丰厚的经济回报引来大批投资者纷纷进入温泉开发行业。中山市仙沐园温泉、帝都温泉等温泉旅游地竞争进入白热化阶段。面对业内的激烈竞争和投入的逐渐减少，金山温泉高层管理人员尝试在园区内进行运营与管理项目的转让，并通过转让费用的滚动投入获取度假村的发展资金。金山温泉利用董事会所给予的少量资金在允许的范围内进行新项目的建设。针对景区内有较多土地这一现状，金山温泉实行对外招商，希望可以引进互补性娱乐项目。由于金山温泉的硬件设施相对老化以及投资者对金山温泉董事会运营管理能力不信任，金山温泉难以引进比较大规模的配套项目。金山温泉的民俗风情园与野战场即在这种背景下所引进的项目。金山温泉在经营上实行温泉通票制度，其目的就在于丰富温泉旅游内容，延长游客逗留时间。但是由于项目开发商自身财力有限，项目粗制滥造，游客对这些项目的评价并不高，这些新引进的项目并没有成为景区发展的推动力。

（三）与附近景区的联动

与金山温泉同在那吉镇的云礼石头村为恩平市推出的景点，其距离金山温泉仅有 4 千米。该景点为典型的南粤古村落遗址，全村房屋皆用石头建成，由恩平市旅游局与当地政府联合开发。

那吉镇早就认识到温泉旅游产业联动开发的重要性。2004 年年底进行了那吉镇—石头村道路的修整，修整之后的道路达到了山区重丘三级公路的标准。恩平市旅游局 2015 年斥资修葺、开发了金山温泉度假村以西的云礼石头村，并逐步开发了七星坑原始森林区的旅游资源，增加了金山温泉度假村作为这一带的旅游龙头的带动作用。

但是根据金山温泉与温泉乐园的问卷调查结果，在受调查的 297 名游客中，只有 39 人在此次出游中要参观石头村，景区的联动效果并不明显。

（四）特殊事件

金山温泉还通过申报国家 AAAA 级旅游景区、地质公园等提高自身的知名度。

2002 年 12 月，金山温泉度假村被批准为国家 AAAA 级旅游景区。2003 年金山温泉积极申报国家地质公园，在申请国家地质公园的过程中得到了恩平市政府的积极协助。2005 年 8 月，广东恩平地热国家地质公园被正式授牌，也是唯一一个以地热为主题的国家地质公园。

在对温泉的开发建设上，政府与企业的利益存在一致性。政府的介入与扶持对金山温泉的发展是一个巨大的推动力，同时政府通过相关活动加强了自身与企业之间的联系。

（五）热水镇温泉旅游产品开发评价

在问卷设计中对金山温泉与温泉乐园的温泉旅游产品分 5 个等级进行评价，结果显示，游客对温泉旅游产品的评价多为一般（见表 3-1）。根据表 3-1 可知，针对温泉乐园与金山温泉的温泉旅游产品，顾客的评价以一般为主，温泉旅游产品缺乏新意，难以使旅游者得到满足。

表 3-1　顾客对金山温泉与温泉乐园温泉旅游产品的评价

单位：人

评价 温泉旅游产品	很好	较好	一般	较差	很差
金山温泉温泉旅游产品	20	38	60	11	1
温泉乐园温泉旅游产品	8	35	86	19	4

资料来源：问卷调查。

顾客对两个温泉酒店的总体评价见图 3-1。相对而言,由于金山温泉提供了更多的娱乐项目,因此顾客对其总体评价较高于温泉乐园。

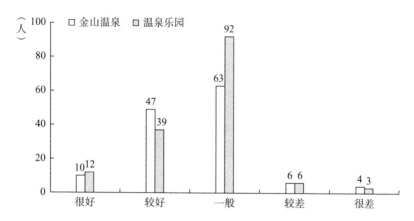

图 3-1　顾客对金山温泉与温泉乐园的总体评价

资料来源:问卷调查。

六　热水镇温泉开发的社区经济影响分析

(一) 温泉开发对当地经济的影响

温泉开发提高了当地居民的收入。一方面,部分居民拥有了温泉征地的地租收入;另一方面,温泉开发带来就业机会,当地居民可以通过社会招聘进入温泉企业,以温泉度假村员工的身份获得一份可观的薪资收入。

在温泉开发征地时,金山温泉以 1000 元/亩的价格买下河漫滩地,对需要进行住房搬迁的当地居民一次性给予 30 万元/户的补偿金。金山温泉的开发也带给了当地居民不少就业机会。金山温泉开业之后,景区门口经常有小商小贩出售当地土特产以及泳装等用品。2001 年 4 月,由那吉镇委、镇政府引进资本在金山温泉对面投资兴建商业街,规范商业行为,现有商铺一律进入室内经营。自从对商业店铺实行规范管理以来，商业店铺的生意日渐萧条，只有在节假日或者周末才可以看到比较热闹的游客购物场面。

相对落后的社会经济状况以及严格的管理制度提高了旅游商业的门槛，降低了社区居民参与旅游商业的积极性。在旅游开发初期，这一商业规范管理举措值得商榷。

(二) 温泉开发对就业的带动

1993 年金山温泉度假村向那吉镇政府征地进行旅游开发时，曾口头许诺给予当地居民招聘优惠，在同等条件下优先考虑当地居民的就业。企业在招聘中遇到的情况是，当地农民自身条件相对较差，并不具备进入旅游服务企业的能力。当时一般温泉企业一线员工工资在 500 元到 600 元之间，对于当地村民来讲，这可以成为一个很重要的收入来源。2004 年，那吉镇农民年人均纯收入最多为 3389 元，成为温泉企业员工是很多当地人期盼已久的机会。当地人受教育程度较低，而且酒店对个人外形的要求较高。在招工之后，落选的村民总会满腹牢骚。为了安抚当地村民情绪，金山温泉通常会安排当地村民进入后勤部、园艺部等较少与旅游者正面接触的部门。那吉镇员工文化程度普遍不高，20 岁上下的员工占到大多数，有很多 40 岁以上的员工没有受过教育或者是小学文化程度。文化程度最高的两个员工为中专学历，毕业后在客房部工作，为储备干部。这些员工年龄集中在 20 ~ 40 岁这个年龄段，年纪较轻的一般在餐饮部、客房部与天然池工作，年龄较大的从事洗碗、公共卫生以及钟点工等工作。那吉镇员工性别构成为男性 43 人，占 35.5%，女性 78 人，占 64.5%。男性从事的工作主要是保安、维修员、救生员。女性从事的工作主要是钟点工、卫生工以及楼层服务员。

表 3 - 2 显示了金山温泉中当地人在各部门中的分布情况。

表 3 - 2　那吉镇员工在公司各部门分布情况

单位：人，%

部门	人数	那吉镇员工数	那吉镇员工比重
保安部	28	5	17.86
财务部	7	0	0
维修部	11	1	9.09
后勤部	18	12	66.67
稽核组	4	0	0
技术部	6	0	0
客房部	114	52	45.61
餐饮部	67	19	28.36
理疗中心	3	1	33.33
销售部	7	0	0
园艺部	26	0	0
总办	6	0	0
人力资源部	5	0	0
收银组	24	2	8.33
水电部	14	6	42.86
天然池	55	21	38.18
物资供应部	8	2	25
合计	403	121	30.02

资料来源：2005 年 1 月金山温泉人力资源管理表。

（三）热水镇温泉开发对周边空间产业布局的影响

大槐镇是从恩平市以及广州市等主要客源地到金山温泉的必经之地。在 325 国道从大槐镇通往金山温泉路口一段，当地居民自发前往沿路两侧销售温泉泡浴所需物品。为促进当地经济发展，规范商业经营，大槐镇招商引资 2000 多万元，在 325 国道通往金山温泉度假村的地方建起了一条商业街。2002 年底，该商业街建成，路边摊档一律入室经营，彻底改变了过去杂乱无序、交通堵塞的情况。现在的商业街区不仅卖泳衣，而且卖文具、五金电器、土特产等，还有照相、理发等各行各业。一些外地商家也到此开店，仅是卖作为旅游度假纪念品的阳江刀具的商店就有好几家，呈现出旅游商业与其他商业混合经营的现象。

在这些商铺中，许多商铺是以泳装销售为辅，其他商品才是其主要营业范围。在访谈过程中，大部分商家提及现在的生意不如以前好做，生意较之前淡了很多。金山温泉的衰落、客源的减少是其经营萧条的最根本原因。表3-3为大槐商业街商铺主营范围。

表3-3 大槐商业街各商铺主营范围

编号	商铺名称	主营范围	编号	商铺名称	主营范围
1	无名流动商铺	美发	16	立新照相发廊	照相、美发、泳装
2	无名流动商铺	泳装	17	阳江特产店	泳装、糖果
3	无名流动商铺	泳装	18	培富食料店	食料、泳装
4	无名流动商铺	泳装	19	美丽华泳衣店	泳装
5	无名流动商铺	泳装	20	大槐药店	药品
6	汇源五金	五金、代售温泉泳票、泳装	21	莲香炒米饼	米饼
7	美丰百货电讯	百货、电信、泳装	22	联通大槐营业厅	电信
8	中国联通	电信	23	音响行	音响
9	名士时尚美发	美发、泳装	24	新鲜奶屋	牛奶
10	梁明亮车衣	制衣、泳装	25	花生油零售点	花生油
11	金山温泉茶场营业部	茶、泳装	26	美容美发厅	美发
12	圣一文具泳装店	文具、泳装	27	百佳精品商场	百货
13	容新电器维修部	电器维修、泳装	28	新月乐酒店	餐饮
14	顺昌五金电器行	五金电器	29	恩平特产商场	旅游商品
15	金山泳衣店	泳装	30	阳江特产中心	旅游商品

资料来源：一手访谈。

从大槐商业街沿路商铺的主营范围可以看出，这些商铺大部分兼营泳装业务，只有五家未取得营业执照的流动商铺与金山泳衣店以及美丽华泳衣店专营泳装。在被问及生意如何时，店铺的老板通常会说平常生意很差，要等到周末或者晚上才会好一点。金山温泉日趋下降的人气使这些商铺经营者看起来状态不佳，尤其是在温泉旅游淡季。这些商铺平时主要依靠当地人的购买活动维持运营。

值得注意的一点是，这些泳装兼营商铺都布局在通往金山温泉的公路的右侧，其原因可能是大部分旅游者是在从恩平市区去往金山温泉的路上买泳装，即停即走。方便游客购买、节省时间这一原则使泳装店呈现右侧布局这一特征。

那吉镇商业街最初的建设也是从整顿路边无序小商贩开始的。2001年，恩平人吴宝鹏投资1800万元兴建金鸿花园。之后，许多商业摊点纷纷进入室内经营。

金鸿花园现已投资1000万元，已建成面积为9000平方米，建筑面积为1000平方米的A区和B区已建成投放市场。而现在的商业区集聚了多家纪念品商店与饮食店等。

该商业街从金山温泉大门对面的金鸿花园一直延伸到温泉乐园，有大约500米长，以饭馆、旅游纪念品商店为主，还包括为当地居民服务的生活便利店以及少数提供住宿的旅馆。由于那吉镇旅游商业街紧挨那蓬村，因此许多店铺如美发厅、零售百货店、游戏厅很明显是专门服务本村居民。许多商铺如百货店铺同时服务本村居民与外地游客。餐饮店具有相当广的服务对象，经营现状较好。很多专门服务外地游客的旅馆与旅游商品商铺等经营状况较差。

福迎宾馆成立较早。据业主介绍，由于当初金山温泉刚开业的时候房间总是供不应求，因此他兴起开旅馆的念头。金山温泉刚开业时游客较多、房间较少，每到周末，订不到房间的游客就到附近宾馆来住，所以附近宾馆客源还有保障，每逢周末宾馆经常能住满人，那时候房价能到 150 元/间。现在金山温泉开始走下坡路，自身的客源难以维持，房价低，直接影响福迎宾馆的生存。福迎宾馆平时入住率低，只有到周末或者黄金周期间才有不少人来入住，房价也比原来低了很多，现在房价只要 50 元/间。

翠雅园是另外一家位于温泉乐园附近的宾馆，相对于福迎宾馆，设施较新，于 2003 年 3 月 20 日开张，但是自从开张以来生意惨淡，周末才会有人来住，平时几乎无人问津。

温泉又一村是在这一带较为有名的餐馆，在从金山温泉到温泉乐园不到 1 千米的商业街上就有两家分馆，位于温泉乐园对面的那家于 1998 年开业，位于金山温泉对面的那家于 2002 年开业，由于服务对象包括旅游者和当地人，生意相当不错。

根据访谈情况，制作表 3 - 4，用以表明商业街上商铺特点与经营状况。

表 3 - 4　金山温泉—温泉乐园沿街商业商铺基本经营状况

编号	商铺名称	主营范围	服务对象	雇员数（人）	开业时间
1	福迎宾馆	住宿	游客	3	2002 年
2	玲姐理发厅	美发	当地人	2	—
3	美容美发厅	美发	当地人	3	—
4	翠雅园	住宿、百货	游客	2	2003 年
5	爱丽娜	百货	当地人	—	2002 年
6	大牛零售	烟花爆竹、泳装	游客	2	—
7	清清小食	小吃	当地人	1	—
8	豪记自选	百货、泳装	游客、当地人	2	—
9	温泉又一村（靠近温泉乐园）	餐饮、零售	游客、当地人	8 ~ 10	1998 年
10	贞楼食庄野味分店	餐饮	游客、当地人		2002 年
11	金泉酒家	餐饮	游客、当地人	8	2001 年

续表

编号	商铺名称	主营范围	服务对象	雇员数（人）	开业时间
12	名泉餐厅	餐饮	游客、当地人	10	2001 年
13	泉音美味	餐饮	游客、当地人	10	2002 年
14	嘉惠士多	百货、泳装	游客、当地人	2	—
15	金莎美发	美发	当地人	4	—
16	杂货店	百货	当地人	—	—
17	游戏厅	游戏街机	当地人	—	—
18	闸坡海贝工艺庄金山分店	旅游纪念品	游客	2	2002 年
19	金山天峰专卖店	旅游商品	游客	3	2002 年
20	集美行旅游用品连锁店	旅游用品	游客	2	2002 年
21	恩平特产店	旅游商品	游客	3	2002 年
22	银丰酒家	餐饮	游客、当地人	20	2002 年
23	温泉又一村美食城（靠近金山温泉）	餐饮	游客、当地人	20	2002 年
24	七星美食城	餐饮	游客、当地人	20	2002 年
25	家乡餐馆	餐饮	游客、当地人	4	2002 年

资料来源：实地访谈。

从表 3-4 来看，商业街商铺主要以小型商业店铺为主，就业人员多为 2~3 人，家庭作坊式运营，只有几个大的餐厅就业人员达到了 10 人。多数商业店铺采取多种经营方式，扩大经营范围，以维持生存。由于商铺客源受旅游淡旺季影响较大，因此很多商铺经营困难。

当地政府管理人员针对商铺现在日趋萧条的经营现状指出[1]：

当初金山温泉刚开张营业的时候，由于竞争对手少，不光是本

---

① 访谈口述内容。

地没有其他温泉，广东省内的其他温泉也少，生意相当红火，那时候上万元一桌的酒席都有人吃，现在生意比以前差多了，当然周围的商铺也生意冷清了……

其实这一条商业街的存在主要是因为金山温泉与温泉乐园开发的带动效应，金山温泉与温泉乐园的经营兴衰直接影响这些店铺的盈利状况。只有采取多样化的经营策略使客源不限于旅游者，或者转向其他生活百货类的产品经营，才能使商铺生存下去。

七 对热水镬温泉开发的总体评价

热水镬温泉是几个温泉中开发较早的温泉，由于临近公路，交通发达，并且紧靠那吉镇政府，因此成为较早开发的温泉旅游地。温泉的开发最早仍然采取疗养院的形式，后来调整为度假村的形式。在毫无规划的前提下，开发者仅凭一个"大胆的想法"就仓促进行热水镬温泉项目投资，无论在项目的可行性分析还是资金的筹备上都缺乏长远眼光。从开业一直到1999年，公司一直在内部资金运营上束手束脚，缺乏开发单一大型温泉旅游地的资金支持。从热水镬温泉的开发来看，由于政府早期缺乏温泉旅游资源管理经验，也没有经过严格的论证即对资源进行开发，略显草率。温泉旅游开发初期的盲目乐观使开发商以温泉旅游为平台进行资本运营的发展规划缺乏战略眼光，受制于诸多小股东，造成了最后经营的失败。

政府对开发商的盲目乐观态度也是造成其在温泉水的管理上松散无效率的原因之一。资源管理体制上的混乱最后造成金山温泉与温泉乐园在资源使用上的纠纷。根据现有温泉水利用情况可知，热水镬温泉水的利用相对低效，只是在每年的冬季温泉水利用率较高，在其他时间温泉水多被大量闲置。温泉水对环境的污染也没有得到有效的监控，热水镬温泉水含有超量的氟，长期大量排放会引起周围水资源含氟超标，对人体造成危害。

温泉旅游地开发需要大规模的资金投入。早期的温泉企业，特别是当温泉采矿权为单个企业法人所享有时，由于单个企业资金实力有限，所以很难完成大规模的项目设施建设。虽然政府对温泉采矿权的规定是从资源保护出发，但是实际上温泉资源往往不能得到有效利用。由于经营历史较久，金山温泉与温泉乐园现有温泉设施相对陈旧，项目竞争力较弱，现有温泉旅游产品核心均为露天温泉洗浴项目，两者差别不大，游客对两家温泉企业的温泉旅游产品评价处于相近水平。

温泉资源是当地社区居民生活中不可分割的一部分。在温泉开发的过程中要充分重视当地居民的权利，必须采取适当的方式补偿当地居民。温泉开发在一定程度上促进了当地居民就业和居民收入水平的提高，但是总体来讲，由于单个企业的投资能力有限，整体经济与产业效益并不明显，温泉旅游地对周边商业的带动效应也受温泉度假村自身经营效果的影响。度假村周边的旅游商业从一开始的繁荣已经慢慢走向今天的萧条衰落。受温泉开发影响而布局的产业多数表现出"多维经营"的特点，这些商业店铺既服务当地居民又服务旅游者。由于采矿权掌握在单个温泉企业手中，因此该温泉旅游地只有金山温泉与温泉乐园两家核心企业，没有其他大型企业进入，难以形成产业集聚，经济带动性较弱。

第三节 帝都温泉开发历程

帝都温泉是恩平市第二个开发的温泉，于1999年奠基，2000年正式营业，为典型的园林式温泉。

一 帝都温泉概况

帝都温泉位于西北向热水断裂与东西向热水断裂的交汇点附近的

河谷和河床中，位于恩平市市区北约 12 千米，东距 325 国道 10 千米，有公路与恩平市市区和 325 国道相连，陆路交通比较方便。泉眼位于良西镇月水村以东 600 米。

该热矿水水温 65～71 摄氏度，矿化度 259 毫克/升，水的酸碱度 9.07～9.08，水质类型属重碳酸钠型，水中偏硅酸含量 99.6～101 毫克/升，水中含氟 8.00～8.04 毫克/升，偏硅酸和氟含量达到我国医疗热矿水水质标准命名浓度的技术指标要求。

广东省地质勘查局七五七地质大队对该热矿水进行了勘查评价，施工钻孔五个，成井四个，并做了相应的地质、水文和物探测量，其提交的勘查报告经广东省矿产资源储量评审中心组织专家评审，广东省国土资源厅确认的审批结论[①]如下。

（1）批准帝都温泉区地下热水作为医疗用热矿水开发利用，其水质为氟、偏硅酸达标的弱碱性低矿化度重碳酸钠型热矿水。

（2）批准 ZK1、ZK2、ZK4、ZK5 及天然泉的自流总量 2345 米³/天为 C 级允许开采量，作为开采设计的依据，3188 米³/天为 C+D 级允许开采量供规划设计使用。

（3）建议 ZK1、ZK2、ZK4 为主采井。在开采中，应建立动态监测制度，注意热矿水排放的环境地质问题，并研究防范措施。

（4）在需要时，可对 △t2 热异常区检查验证，以扩大热矿水区范围和提高允许开采量。

2001 年 4 月 5 日帝都温泉拿到了采矿证，开采限制量为 2968 米³/天，矿区面积 1.252 平方千米。

---

① 广东省地质勘查局七五七地质大队：《广东省恩平市帝都温泉度假村地热资源勘探报告（1999 年）》。

该区自然园林面积 200 多万平方米，温泉园林面积 10 多万平方米，开发者运用中国传统文化以及地方文化设计建造大、中、小温泉浴池 80 多个。帝都温泉是以温泉康乐为主题的综合性温泉旅游地，温泉浴区现可同时接待 5000 人进行游泳健身、洗浴康乐、理疗按摩、休闲品茗等活动，还有风味餐厅、大型会议厅、玉树宫别墅、凤池宫宾馆等配套设施。

二　帝都温泉资源配置过程

（一）原始开发

1982 年，良西镇政府利用帝都温泉水孵化鱼苗越冬，在泉眼的东南方开发了 30 多个鱼苗塘，筑起了温泉池基，架设了 10 千伏的高压线路并安装了用电变压器。1995 年，月水村为发展集体经济，进行了初期温泉洗浴开发建设。项目投资者为本村村民，投资十几万元，设施较为简陋，只有十几间淋浴房，收费为 5～10 元/人，经营者每年向村里交一定的提成。后来由于大规模投资的进入，当地村民所办企业被迫中止，帝都温泉进入大规模建设时代。

（二）帝都温泉开发

受到金山温泉成功经营的启示，多家开发商与良西镇政府商谈帝都温泉开发相关事宜，但是都没有达成正式协议。1997 年，恩城人郑坚明（原恩平名都酒店董事长）正式确定开始对温泉进行开发。该开发项目于 1999 年 6 月动工并同期营业，边建设边经营的方式为开发提供了运作资金。当时帝都温泉只有原来的两个大池，规模小，主要客源为恩平市当地人。

1999 年帝都温泉与当地政府签订土地租赁协议，租赁土地 129 万平方米，包括山地 54 万平方米、河滩地 21 万平方米、耕地 21 万平方米、旱地 33 万平方米，租赁地价全部为土地管理局统一价格，无任何优惠。签订协议的同时，政府规定帝都温泉必须优先考虑当地居民就业，在招聘中同等条件下优先考虑当地居民；其所使用农副产品，从当地采购获取；为保持当地的温泉洗浴传统，由帝都温泉设置专门的冲凉房，供当地居民使用。此外，为搞好社区关系，帝都温泉每年给月水村15万元的温泉水管理费，经由当地政府转至农民手中。月水村有村民1000人左右，为一个大村，温泉水管理费真正分配到各家各户之后只有80～100元/人。

帝都温泉在开发中尊重了当地居民原有的温泉生活习惯，提高了社会福利。这有利于减少资金占有不平等造成的资源配置不公平，对当地的经济发展和社会稳定有一定促进作用。

1999年8月帝都温泉与广东省地质勘查局七五七地质大队签订协议，协议明确了甲方与乙方的权利与义务，工程费用为50万元。在合同中注明了其他事项，明确了甲方对施工场地的要求，部分内容如下。

（1）委托方负责施工范围内的征地、青苗赔偿等工作，并做好与当地群众、政府部门的协调工作。

（2）委托方负责施工场地的"三通一平"即通路、通水、通电及场地平整工作。

1999年10月8日，帝都温泉向广东省地质勘查局申请获得探矿权，勘探面积为1.6平方千米。委托方提出了较高的要求：受托方必须占有资源所在地的土地使用权，并且社区关系良好。

1999年底，帝都温泉在探明温泉水资源的热储量之后并没有申请采矿权，而是采取了边建设边经营的方法，无偿使用温泉水直到正式开业。2001年4月帝都温泉正式进行采矿权的申请，恩平市地质勘查局直到2002年才开始安装水表进行水量监控。矿产资源管理部门的监管不严造成了矿产开采企业对温泉水资源的无偿使用，造成国有资产的流失，是资源利用低效的表现。

（三）政府支持下的帝都温泉开发

在帝都温泉开发之前，金山温泉成功火爆的经营使当地政府管理者认识到温泉旅游产业确实有发展前景。面对帝都温泉的申请，1999年恩平市政府专门召开会议，讨论帝都温泉开发的问题。办公会议最后决定，帝都温泉可以开发，但是在定位上应该与金山温泉有所区别。政府部门相关人员在与帝都温泉管理者最后商定的基础上决定将帝都温泉定位为"山水文化园林温泉"。虽然两个温泉定位不同，但是在核心产品设计上仍然是大同小异，并无很大变化。

帝都温泉地处偏远，在建设过程中很多基础设施问题限制了工程顺利进行，同时，各部门在审批工作上效率低下，影响施工正常进行。主要表现在以下方面：有线通信线路电压低，造成电话通信质量差；供电设施老化，用电故障多；通往温泉的公路为沙土路，等级低；有关证照办理效率低，费用负担重；等等。

1999年11月23日，恩平市政府召集建设局、国土局、规划局、水利局、环保局、电力局、电信局、林业局、交通局和良西镇、平石镇政府负责人，在帝都温泉召开帝都温泉开发建设现场办公会议。该次会议促使市、镇有关部门共同做出承诺，要大力支持帝都温泉的建设，使该旅游度假村早日建成。市辖相关部门表示，要积极争取江门市电信局的支持，投资150万元在度假村内拉设光纤通信电缆，提高度假村的有线电话通信质量，移动通信南基地要加快建设进度，确保在2000年春节前投入使用。市电力部门表示要根据温泉区的实际用电需求，重新设计架设专用供电线路，保证足够供电能力，同时，按照市委、市政府制定的《关于加快个体私营经济发展的若干规定》，采取增容费优惠政策。市交通部门表示，要争取广东省和江门市交通部门的支持，积极协助搞好区外公路建设。市建设部门表示，对度假村内的一切基建要给予优先审批，并加强工程监管，确保工程质量。

良西镇、平石镇政府表示要配合做好公路建设的征地等工作，确保1999 年 12 月 1 日工程队进场施工。其他有关职能部门也表示要认真执行市委、市政府制定的优惠政策，对有关收费能缓则缓、能减则减，同时加强服务，做到想开发商之所想、急开发商之所急，为开发商提供优质、高效的服务，使帝都温泉各项建设顺利进行，力争首期工程在 2000 年上半年完成。

而当地政府在看到那吉镇在金山温泉建成之后财政上相对宽裕与经济上相对繁荣，更是对投资企业回赠橄榄枝，欢迎大型投资企业的到来。为了促进对帝都温泉的开发，1999 年良西镇政府专门成立"帝都温泉领导小组"，支持帝都温泉开展征地以及解决其与当地农民关系的协调问题，在半年的时间内就帮帝都温泉解决了土地征用问题。当地政府在帝都温泉的开发过程中获益良多。一方面，温泉开发在一定程度上带动了当地经济的发展，良西镇的"沿路经济"（"沿路经济"相关内容见后文经济影响分析）即帝都温泉与锦江温泉开发之后形成的。另一方面，温泉开发提高了当地政府的财政收入。当地政府从温泉开发中获得的财政收入来自两部分：一部分是税收；另一部分是帝都温泉每年上缴的 44 万元温泉水管理费，此部分费用有 15 万元被分配到了月水村村民手中，其他 29 万元则由镇政府支配使用。

三 帝都温泉水资源利用

帝都温泉的温泉水使用量表现出了明显的淡旺季差别，夏天为淡季，温泉水的使用量一直处在限制开采用量之下。从一个温泉企业的开发来看，只有在冬天与春天即客源巅峰期，温泉水的使用量才可以达到最高值，温泉水才能实现高效利用。在其他时间，温泉水使用量都被控制在开采量之下，大大低于可开采量，温泉水没有得到高效利用。

四 帝都温泉旅游产品的开发与评价

（一）温泉旅游产品设计与营销

帝都温泉是继金山温泉之后开发的第二代室外温泉，在温泉度假村的产品设计上突出室外温泉的园林化设计。帝都温泉主要的温泉产品是室外温泉与温泉别墅。帝都温泉在开业之初客房较少，温泉设施较新，经常出现客房爆满的现象，露天池区内的桑拿用房（只有一张桑拿床）在客房紧张时期的售价曾高达 500 元/晚。当时为卖方市场，帝都温泉根本不需要与旅行社联系，散客为主要客源。

帝都温泉的房价经过折扣之后与一般的三星酒店相近，温泉门票包含在房价中，一般工薪家庭都可以接受。

为了突出帝都温泉的景区形象，帝都温泉经常搞大型活动对景区进行营销。2002 年经国家批准注册为"名泉帝都"，被世界养生组织推荐为养生基地，被中国澳洲养生会、广州市健康促进会和中国医师协会养生专业学术委员会选定为养生基地。2009 年 6 月被中国医师协会、养生专业委员会授予"健康之都"。2010 年 5 月被中国矿业联合会授予"中国 AAAAA 级温泉度假区"。2018 年，浙江佳源集团入驻帝都温泉，斥资 62 亿元对帝都温泉进行升级改造，力求将帝都温泉打造成为华南地区多元化、高科技的温泉水上乐园和温泉康养基地。以上活动都符合帝都温泉健康疗养形象的定位，促进了景区的发展。

（二）产品开发评价

就帝都温泉旅游产品的开发现状来看，其核心产品仍然是露天洗浴与温泉度假别墅。帝都温泉与金山温泉、温泉乐园相比，三者在温泉项目的设置上并无大的区别，游客对帝都温泉的评价也表现出类似的结果（见表 3 - 5）。

表 3 - 5 帝都温泉产品开发评价与总体评价

单位：人

评价项目	很好	较好	一般	较差	很差	无效
温泉旅游产品评价	12	52	58	5	4	16
购物评价	0	17	63	29	10	28
总体评价	5	56	60	6	2	18

资料来源：问卷调查。

旅游者对温泉旅游地及温泉旅游产品的评价多数是基于对现有温泉旅游产品的理解，如"温泉旅游就是泡温泉水""温泉水都差不多"等。每当受访者被提醒"不同的温泉水有不同的医疗效果，在出游之前应该事先看看温泉水是否符合自己的体质"的时候，多数旅游者回答"虽然不一定能治病，但是总没坏处吧"。极少数旅游者能够就访问员的问题（您知道帝都温泉温泉水含什么矿物质？知不知道医疗作用？）给出肯定回答，多数旅游者摇头表示不清楚。

温泉旅游本质上不同于其他形式的观光与休闲活动，它以温泉的医疗康复效果为着眼点进行开发，目的在于促进人们的健康，在国外这种旅游被称为健康旅游。在这种旅游方式下旅游者虽然在享受过程中是被动的，但是在选择旅游产品之前需要进行大量的资料搜集工作以确保产品适合自己，这样才能对症下"水"。

针对我国目前日益增长的健康旅游人群，如何正确营销温泉旅游产品成为温泉旅游业界与学界共同关注的问题。知道温泉有利于健康只是旅游者进行温泉旅游的第一步，知道什么样的温泉有利于自己哪一方面的身体保养才是正确的产品选择方式。

正是由于对温泉旅游项目及温泉旅游度假村的了解不够深入，因此很多旅游者在对温泉度假村进行评估的时候，并不能真正认识其核心产品。这也就造成了大部分人不知道该怎么评价，没有一个标准，多数人对温泉度假村的总体评价和对温泉旅游产品的评价一般。

五 帝都温泉开发的经济影响

（一）帝都温泉开发对当地经济的带动

帝都温泉对当地农民收入增加的直接带动体现在两个方面：一是帝都征地的赔偿金与每年上缴至镇政府 44 万元温泉水管理费中的 15 万元；二是当地居民通过应聘成为帝都温泉员工所获得的直接收入。

帝都温泉的管理者是恩平市本地人，在进行温泉开发的时候特别注重对当地劳动力的吸纳。这既是一项造福当地人的工程，也是一种节省经济成本的方法。帝都温泉员工大部分是本地人，员工容易形成对企业的归属感与认同感，同时，对于企业来讲，聘用大部分的当地人能够最大限度地节省经营成本。当地人每月的工资基本上保持在 500～600 元，根据工种的不同而有差异，有些员工的工资甚至更低。聘用当地人做员工，节省了帝都温泉的人力成本。

帝都温泉现有员工 400 多人，只有 8 个人是外地人，其他都是恩平本地人，占到了 98%。与其他企业不同，帝都温泉不要实习生，淡季也不裁人，只有在旺季才招聘临时工。淡季延长轮班天数，由旺季的 4 天/月变为 8 天/月。通过轮班制度提高员工的稳定性，这样可以通过长期的培训提高服务质量。

帝都温泉使用"当地人"的人力资源管理制度收到了较好的管理效果。帝都温泉员工以当地人为主，人员的流动率较低。而在其他两个温泉景区，员工的不稳定性很高，淡旺季人员变动频繁，这是当地员工最担心的一点。帝都温泉管理者抓住了员工求稳这一心态，较好地稳住了当地居民员工。所以，虽然帝都温泉的员工宿舍及其他待遇在这几家企业中是最差的，但是员工的满意度仍然较高。

在帝都温泉，员工以恩平人与良西人为主，恩平员工较多为管理者，而良西员工主要是一线服务员。由于主要聘用当地人，因此帝都温泉员工的学历水平较低，以初中为主。客房部公共卫生员 A 为月水村当地农民，现在她家有两个儿子都外出打工，剩下她跟老伴儿，于是两个人都来帝都温泉做勤杂工，现在她在客房部，老伴儿则在园艺部。工作之后每月的固定收入有 500～600 元，家里的经济条件好了很多。他们认为，像他们这种没有文化的人可以有一份固定收入，确实是一件值得高兴的事情，他们自己也想象不到其他工作选择。针对帝都温泉对当地所做贡献，A 还提到自从帝都温泉开始营业，村里才开始通了电话，并且有免费班车（月水村村民可以免费乘坐从帝都温泉前往恩平市区的班车），这在原来是不可能的。

另一名月水村男青年 27 岁，已经在帝都温泉工作 5 年，现在是某部门领班，有高中学历。这是他的第一份工作，这份工作使他有了固定收入，并被提拔为领班，具有一定的满足感。虽然这份工作并不理想，但是他很务实地认识到，以他自身的学历水平，即使出去应聘也很难找到更好的工作。

从以上分析可以看出，帝都温泉在很大程度上解决了当地居民的就业问题，促进了当地经济发展与社会稳定。

（二）帝都温泉开发对相关产业空间布局的影响

帝都温泉作为大型单体式温泉旅游度假村是现代意义上的一站式旅游目的地，旅游者可以在度假村内部满足休闲、餐饮、娱乐等需求，但是度假村内的餐厅服务不够好，在帝都温泉附近形成了较多餐饮企业的集聚。

帝都温泉门口的店铺主要有以下两类。其一是住宿餐饮类店铺。昌盛酒店为恩平人所开，2003 年 1 月开始营业。店主以一句话评价帝都温泉对昌盛酒店的影响："没有帝都就没有昌盛。"酒店有餐位 300 个，客房 30 套。昌盛酒店客源主要是住不起帝都温泉的游客，或者由于帝都温泉房间订满，客人在无处可去的情况下，才来此处住宿。现在，酒店已经跟多家旅行社取得联系，许多旅行团开始入住酒店。位于昌盛酒店对面的是一家正在建设中的园林阁与日式烧烤店。其二是当地居民生活服务类店铺。帝都温泉附近有几家美发厅，分别为永丰美发厅、梦丽美发厅、滨滨发廊等，这些发廊除了提供美发服务之外还出售泳装。在通往帝都温泉的路口还有一家杂货店，主要出售生活用品，服务当地居民。

温泉资源分布在偏远的地方，温泉旅游开发对目的地空间形态的影响最开始表现在景区道路的修建上。在地理学上，交通道路被称为空间发展的轴线，只要有了交通，地理空间形态就很容易发生变化。

369 省道途经良西镇，为前往帝都温泉与锦江温泉的必经之路，被恩平市政府称为"温泉路"。在帝都温泉投资兴建初期，"三通一平"工程升级了从帝都温泉到 369 省道的道路。后来由于 2003 年侨乡旅游节会场设置在锦江温泉，恩平市又对 369 省道进行了修整。369 省道两旁有很多具有旅游接待特征的商业店铺分布。这些店铺大部分是在锦江温泉与帝都温泉 2003 年成功开发之后才建成的，与锦江温泉和帝都温泉的开发有直接关系，在经营内容与空间布局的选择上都具有较强的旅游服务导向性特征。

值得注意的是，这些商业店铺大部分是餐饮业，只有一家靠近良西镇的鸿津餐厅有住宿功能。这说明：餐饮业的客源选择具有多样性，可以是当地人，也可以是旅游者，这保证了将来即使旅游业发展态势不好，当地人消费也可以维持餐厅的经营；温泉旅游地中只有一家度假村可供选择，对于旅游者来讲，餐饮的选择范围较小，而这些餐厅的出现极大地丰富了旅游者的选择。

根据以上分析，帝都温泉与锦江温泉的开发确实在一定程度上改变了当地产业的空间布局，带动了相关产业的发展。但是度假村设施不配套，提供的产品选择较少，并且这些由温泉开发带动起来的商铺多采取较为保守的布局与业态，布局上靠近良西镇或某一村委会，业态上多选择餐饮业。因此，帝都温泉度假村对相关产业的带动是限制性的而不是开放性的。

第四节 锦江温泉开发历程

一 锦江温泉概况

锦江温泉位于恩平市城区西北约 20 千米，大田镇朗底圩（原朗底镇）河圹村的河边，距朗底镇约 1 千米，有公路与恩平市市区和 325 国道相连，陆路交通十分方便。

该热矿水水温 46.5～61 摄氏度，矿化度 236～250 毫克/升，水的酸碱度 8.30～8.32，水质类型属重碳酸钠型，水中偏硅酸含量 83.0～89.5 毫克/升，水中含氟 7.86～8.82 毫克/升，偏硅酸和氟含量达到我国医疗热矿水水质标准命名浓度的技术指标要求。

广东省地质勘查局七五七地质大队对该热矿水进行了勘查评价，施工勘查孔 13 个，成井 3 个，并做了相应的地质、水文和物探测量，其提交的勘查报告经广东省矿产资源储量评审中心组织专家评审，广东省国土资源厅确认的审批结论[①]如下。

（1）朗底天湖温泉[②]热矿水水温 58～60 摄氏度，属重碳酸钠型氟偏硅酸温热水，可作为医疗用热矿水开发利用。

（2）温泉区共建成供水井三口，其中 ZK12、ZK13 为主采井，允许开采量 3122 米³/天为 C 级，可作为开采设计的依据；ZK10 为备用井，允许开采量 672 米³/天为 D 级，C＋D 级允许开采量 3794 米³/天，可供规划设计使用。[③]

[①] 广东省地质勘查局七五七地质大队：《广东省恩平市天湖温泉度假村地热资源勘探报告（2000 年）》。

[②] 最后正式定名为锦江温泉。

[③] 报告评审后，又施工 4 个孔增加水量 1900 米³/天。

二　锦江温泉开发过程

锦江温泉总占地面积为 45 万平方米，水温最高达 65 摄氏度，水质清澈、无味，富含锂、偏硅酸等具有医疗价值的物质，对肥胖症、风湿关节炎、高血压等具有良好的医疗价值和保健价值。

2002 年第一期试营业的有欧陆风格的各类别墅 14 幢、豪华原木木屋 22 幢和大型综合性管理中心，内配喷淋消毒通道、美发美容部、男女更衣室、桑拿中心、西餐厅等。池区水面达 3700 平方米，池区设大型冲浪池、环流河、按摩池等各种大小功能池 50 多个。食为天风味餐厅配有 560 个餐位，主营山乡风味餐饮。会议中心设有主会场，可同时容纳 350 人，另有 50～150 人的中小型会议室 3 个，设施齐备。发展到 2019 年，锦江温泉已经完成建设，客房 400 多间，餐位 800 个。锦江温泉在开发上与帝都温泉定位不同，主要以动感温泉为特色，不仅在广东省甚至在全国都是具有开创性的，也成为广东省温泉旅游开发历程中的里程碑事件。

三　锦江温泉资源配置过程

（一）原始利用时期

锦江温泉完全处在未开发状态下时，主要是周边村庄居民来此洗浴，人们来此泡温泉时，只要在水边挖个砂池，等池内温泉浸满就可以进去洗澡。温泉已经成为当地居民生活的一部分。

（二）现代开发时期

锦江温泉的开发行动始于 1996 年，投资者与当地政府签署协议，准备开发温泉；1999 年董事会聘请金山温泉原总经理吴建国担任银河温泉度假中心总经理，正式准备就锦江温泉的开发做征用土地等准备活动。1998 年 12 月至 1999 年 2 月，投资方第一次对锦江温泉进行勘探工作。钻孔 5 个，其中 3 个有自流温泉水，自流量为 8～526 米^3/天。

该公司是一家合资公司，开平银湖实业开发公司占合资企业45%的股份；谭惠明（开平籍香港商人）占合资公司30%的股份，并出任董事长；梁瑞廉（开平籍加拿大商人）占合资公司25%的股份。

2000年，天湖温泉度假中心委托广东省地质勘查局七五七地质大队和江门市矿产资源开发部门承担温泉区地下热水勘探及建井工程。同年12月，天湖温泉度假中心申请获取温泉的矿产资源开采证，矿区面积为1.769平方千米。

该投资项目计划第一阶段征地400亩，计划投资5000万元；第二阶段准备租借山地约2000亩，用于兴建花果园式高尔夫俱乐部，计划投资5000万元。针对投资与管理模式，吴建国坚持以温泉平台的搭建为媒介，通过房产等模式收回投资的运营办法。吴建国的管理思路与几位董事的管理思路不同，造成此项目暂时搁浅。最后，吴建国辞去总经理职务，而几位入股董事成员对温泉的发展前景不看好，纷纷撤回投资。

2001年梁瑞廉重新整理资本，与几个开平华侨重新就天湖温泉的开发展开工作。同年，新一届董事会开始了征地工作，并投入一定资金，进行工地奠基，命名新的公司为锦江温泉开发有限公司。该公司第一阶段征地452万平方米，其中耕地占13万平方米。在征地过程中，锦江温泉方答应当地政府，优先考虑当地居民的就业问题，公司所采用农副产品在当地采购。2002年5月锦江温泉正式开张营业。

（三）政府态度与锦江温泉开发

大田镇政府工作人员认为锦江温泉开发给当地政府带来的最大变化是政府财政收入的增长。"2002年（锦江温泉开业）之前，大田镇政府已经连续两年没有发出过一分钱的工资，锦江温泉开业之后，不仅工资发出去了，连政府办公楼也换了新的。锦江温泉是恩平市三个温泉中投资最大的一个，也是税收上缴大户，在税收上缴数目上，已经相当于一家水泥厂。"一位大田镇政府工作人员如是说。

表 3 - 6 为恩平市四个温泉企业从开业至运营高峰期间（1996 ~ 2004 年）年上缴税收数目。

表 3 - 6　恩平市各温泉企业每年上缴税收情况

单位：万元

年份	金山温泉	温泉乐园	帝都温泉	锦江温泉
1996	14.7			
1997	69.7			
1998	139.8			
1999	205.7	50.2		
2000	214	52.5		
2001	188	51.5	142	
2002	165	55.2	232	6
2003	109	40.7	135	194
2004	158	38.5	168	213

资料来源：内部经营数据。

锦江温泉的设备设施较新，成为当地政府的主要对外接待单位，由于锦江温泉在税收上的突出贡献，恩平市政府经常在收费项目上给予一定的优惠。

四　温泉水资源的开发使用

根据 2001 年锦江温泉拿到的地热水开采许可证，锦江温泉的开采量为 65.7 万吨/年。相对于其他两家温泉，锦江温泉的可供开采量较小，平均每日开采量为 1825 吨，每月平均 54750 吨。锦江温泉在温泉水的开发模式上采取的是大规模的游乐型开发，无论在月均使用量上还是在年开采总量上，都超过了温泉水的开采限制量。

五 锦江温泉旅游产品的开发与评价

锦江温泉在温泉旅游产品的开发上较为成功，把水上乐园的形式引入温泉旅游区开发，在国内属首创，温泉冲浪与温泉漂流项目使锦江温泉成为新一代娱乐型温泉的开创者。

（一）温泉产品的开发

娱乐型温泉在中国温泉健康旅游市场尚未成熟之时就得以发展是有其内在原因的。娱乐型温泉的核心产品是水上乐园项目，旅游者参与其中，体现互动的特点。它具有一种观光游憩性质，锦江温泉的游客以一日游游客或者团队游客居多。问卷调查显示，调查对象中第一次来锦江温泉的为 103 人，重游游客为 42 人，相对于金山温泉第一次来的游客与回头客的比例 80∶61，回头客比重相差很多。

在中国私人温泉疗养市场尚未成熟的大市场环境下，旅游者很少会用三天以上的时间在一个温泉度假村泡温泉。正是在这种以"娱乐体验"为导向的前提下，产品开发者为满足旅游者的需求做出了努力。这种开发方式使对温泉健康旅游产品充满疑惑与不解的消费者错误解读温泉旅游以及温泉文化。作为产品的开发者，不仅应该思考消费者的需求，而且应该引导旅游者的需求。娱乐型温泉借用了游乐园的开发理念，项目设置要进行常态更新，这对一个度假村的资金与实力提出了较高的要求。同时娱乐型温泉项目消耗大量的温泉水资源，泉水开采量有限的前提限制了此类温泉的进一步发展。

一位广之旅的主管认为锦江温泉经营的成功全靠项目支撑，所吸引的是出于好奇与新鲜感才去的游客，当其他温泉旅游地（从化仙沐园、惠州龙门）纷纷模仿经营之后，这种靠新项目吸引旅游者的经营必将走下坡路。就在江门市的台山市，恩平市的近邻，富都温泉于2004 年推出了飘雪温泉项目，通过人造雪花营造出特殊的温泉意境，成为当时温泉旅游市场的新热点。

锦江温泉在温泉项目设计上，还引进了各种西方的香薰理疗 SPA，同时保留原有的加料温泉池如药材池、水果池等。从锦江温泉自身的项目设计来看，锦江温泉一方面保留了传统的温泉汤池，另一方面也尝试对温泉旅游的开发方向进行游乐型探索，在当时代表了一种开发方向。遗憾的是，对温泉水本身的健康与治疗方面的功能，各个旅游度假村并没有给予足够重视。现在来看，当时游乐型温泉旅游地的开发适应了市场的发展，但使温泉资源本身具有的健康疗养功能变成了可有可无的噱头，这是对温泉旅游本身的一种否定。

在温泉别墅的设计上，由于投资较多，因此更注重温泉别墅产品不同需求档次的差别。锦江温泉的主楼是针对一般游客设计的标准间，温泉别墅是针对工薪层消费者，温泉区内的木屋则针对高端市场，2004年刚建成的首长楼则专门用于接待高级商务旅游者。

2002 年锦江温泉设立广州办事处，2004 年设立佛山办事处，并设立广州市、开平市、江门市与恩平市二运双向的公司专线车。从办事处与班车的设计可以看出，锦江温泉主要是面向广州市、佛山市等大城市，同时也注意对本地市场的开发。

（二）温泉产品的评价

游客对锦江温泉的评价见表 3 - 7。从游客对温泉旅游产品的评价来看，锦江温泉收获的评价高于其他三个温泉旅游地，其原因在于：第一，游客大部分为第一次到访的观光体验游客，非健康疗养旅游者，并且，其对旅游产品的消费需求在参与水上娱乐活动的过程中得到了满足，达到了消费预期；第二，锦江温泉旅游设施设备新，服务质量好。

表 3 - 7　锦江温泉产品开发评价与总体评价

单位：人

评价项目	很好	较好	一般	较差	很差	无效
温泉旅游产品评价	10	64	58	1	0	14

评价项目	很好	较好	一般	较差	很差	无效
购物评价	3	12	72	27	15	18
总体评价	8	62	61	2	1	13

资料来源：问卷调查。

大部分旅游者对度假村的购物评价较低，对锦江温泉购物体验表示不满。除了对景区内的购物配套设施不满之外，游客对锦江温泉的餐饮设施设置也给予较低评价。锦江温泉当时设有餐厅一家，餐饮选择相对较少。许多游客驱车前往周围 10 千米以内的餐厅就餐。由于这种原因，锦江温泉周围餐饮业经营火爆，在锦江温泉门口竖满了醒目的餐饮广告牌。

六 锦江温泉开发对当地经济的影响

锦江温泉在企业人力资源管理上走的是与帝都温泉完全不同的路线。

锦江温泉人事部主管在对当地人的评价上较为极端，认为当地人素质低，服务质量较差，尽量不用当地人。

锦江温泉有正式员工 350 人左右，不包括 50 名左右实习生。锦江温泉是恩平市四个温泉企业中外地人最多的一个，外地员工有 138 人，恩平市员工中市区员工人数最多，有 123 个，其次为大田人，有 64 个。

恩平市大田镇的员工只出现在四个部门：保安部、餐饮部、工程部及前台。保安部为 7 名男性、1 名女性；餐饮部全部为女性；工程部一线服务人员包括公共区域保洁员、清洁工都为大田人，有 40 人左右；前台有两个温泉大堂售货员。在大田员工中只有一名餐饮部领班，是较高职位的管理层人员，其余皆是一线员工。

大部分当地人对现在的工作比较满意。一名清洁工认为有了工作之后，家里多了一份固定的收入，月收入 500 元对家里确实是一个大的补贴，而且企业离家很近，做事方便，上下班都有老伴儿摩托车接送。不过也有人（大堂售货员）对现在的工作状态表示担忧，认为一直在这里不是长远之计，个人应该有更好的发展前途。

锦江温泉不保证当地人的工作机会，随淡旺季而调换人员。在锦江温泉人力资源管理者看来，当地人受教育水平低、形象不佳是影响其就业的主要因素。为了避免造成低质量的服务，客房部和温泉部没有聘用当地人。

根据协议，每当旅游旺季到来，人事部都要通知当地政府，再由当地政府下达通知至附近村委会进行招工。锦江温泉在当地招的职位一般是零杂工，对于技术、学历没有太高的要求。这种因临时性招工而入职的员工中，很少人能在旺季过后继续留下来，大部分员工会被辞退。等到下一次旺季来到，公司才会重新进行招聘，因此零杂工是这家企业里面最不稳定的。

七 对帝都温泉与锦江温泉开发的总体评价

由于帝都温泉与锦江温泉在资源配置与开发过程中都是直接占有了温泉采矿权，开发过程非常相似，因此这里将帝都温泉与锦江温泉放在一起进行研究。

在帝都温泉与锦江温泉开发伊始，当地政府就持明显的支持态度，并且温泉企业与政府的联系越来越紧密，政府成为温泉旅游地开发的主要推动力之一。温泉的开发带动了当地政府财政税收的增长，成为当地村镇经济的支柱。

温泉旅游地开发都注重对当地社区的补偿，通过温泉水管理费的形式，使当地居民获取一定经济补偿。由于企业的经营策略不同，因此温泉旅游地开发在对当地居民的就业带动上表现不同。

一方面，在温泉资源独享开发的情况下单个企业独自使用温泉，导致温泉水供大于需，产生资源浪费；另一方面，在资源禀赋较差、温泉水储量较小的情况下，政府监管力度小，又会造成温泉水大量超限制开采，对资源本身造成破坏。

温泉旅游的垄断性开发是在新时期自然资源使用权市场化的背景下产生的。出于盈利目的，单个温泉旅游度假村项目的开发区别于以往的疗养院或者招待所式运营方式，分别经历了原始露天浴池、主题园林浴池、大型游乐式温泉浴池三个阶段。以娱乐形式出现的温泉旅游产品耗水量较大，造成对资源的过度开发。

基于单个温泉旅游企业对温泉资源的垄断开发，温泉旅游地对当地经济带动有限。温泉旅游资源的区位往往受资源本身的限制，距离大型居民点较远，发展较少依托当地社区的经济与社会资源。在脱离当地社区，出现旅游"飞地"发展的前提下，温泉旅游社区的发展依赖企业投资规模。旅游投资规模越大，越容易形成温泉旅游社区，经济与社会带动效益也就越好，反之则对当地社会经济带动有限。根据案例分析，在单个温泉旅游企业规模较小的前提下，温泉旅游地沿交通轴线较多为餐饮业，与温泉旅游发展最密切相关的泳衣摊沿途零星布局。

第四章

资源独享型温泉旅游地
开发特点与影响分析

本章主要归纳恩平市资源独享型温泉旅游地开发的特点，并分析这些特点形成的原因及其对当地旅游社区的影响。

第一节　资源独享型温泉旅游地开发特点

一　企业积极参与，政府逐渐支持

从 20 世纪 90 年代金山温泉的开发到 21 世纪初锦江温泉的开发，前后历经十几年。在此期间，无论是恩平市社会经济发展状况还是矿产资源管理政策都发生了很大变化，但是政府的由单个企业掌握温泉矿产资源采矿权进行温泉旅游开发的思路从未改变。在开发过程中，随着金山温泉与温泉乐园对温泉资源开采权利的争执最后尘埃落定，恩平市政府更加坚定了一个温泉只允许由一家企业开发这一政策理念。

虽然案例中的三个温泉旅游地都是资源独享型开发，但是其具体形成原因各不相同。金山温泉的采矿权顺承自那吉镇金山温泉理疗康复中心的管理权，温泉水资源被视为企业资产的一部分。新的《矿产资源法》的通过确立了国家对温泉资源的所有权。开发者进行温泉水资源开采需要向管理部门申请探矿权与采矿权，这一规定使金山温泉与温泉乐园在温泉水的开发使用上发生了冲突。金山温泉管理方直至此时才补充申请探矿权与采矿权。在此过程中，政府一直是协调人的身份，并没有意图掌控资源的开发与管理，同时倾向于由一家企业获取采矿权。

帝都温泉与锦江温泉的开发是在金山温泉开发之后。在温泉资源的开发利用上，受金山温泉水资源独享的启发，帝都温泉和锦江温泉签署了初步的投资协议。1996 年与 1997 年恰逢恩平市面临金融风险，当地政府对外来投资持欢迎态度，并且当时关于温泉水资源并没有一个完善的管理体制，探矿权与采矿权相关管理制度都还没完善，开发商更注重对温泉水资源所在土地的租用工作。

综上所述，金山温泉对温泉水资源的开发最早，当时温泉水资源的管理制度并不完善，投资方先获取了温泉水资源的使用权后补办了资源开采许可证；帝都温泉则是在资源管理制度不完善的背景下与政府达成了温泉投资协议，而后又经过征用土地获取土地使用权，最后才申请了温泉的采矿权，对温泉进行开发利用；锦江温泉也是首先与当地政府达成投资协议，其次经过对地热矿的勘探确定储量，最后进行开发投资。

在恩平市三个案例地温泉开发的过程中，政府参与程度各不相同。在金山温泉的开发过程中，政府在金山温泉与温泉乐园发生采矿权纠纷的时候介入。在帝都温泉的开发过程中，政府在建设前期针对基础设施建设和办事效率低下问题召开过现场会议。从锦江温泉开发开始，即 2002 年之后，政府才真正认识到温泉旅游业的财政贡献，并先后成功举办 2003 年侨乡旅游节、申请"温泉之乡"称号等。根据对恩平市档案馆政府卷的资料的翻阅，可以明显看出，1999 年之后，以"旅游"与"温泉"为关键字的案卷逐渐增多，而这也显示了政府工作重心的转移。

恩平市政府对温泉资源独享开发持支持态度，其形成原因有以下两点：温泉的独享开发可以最大化投资者利益，有利于政府吸引投资；政府没有充足资金和专门进行温泉资源市场化开发的运营与管理机构，资产运营难以实现。下文分别就这两点原因进行分析。

（一）出于吸引投资目的的独享资源开发政策

政府允许企业独享温泉旅游资源其实就是一种优惠政策，通过让单个温泉旅游企业独享温泉采矿权来吸引投资。在资源配置过程中，单个企业独自享有采矿权能够最大限度保障自身利益，调动其积极性。出于吸引投资的目的，恩平市政府采取了温泉资源独享的资源开发政策，而这一政策有其特定的社会经济背景。

1. 政府风险控制下的公共政策制定与考虑

1994 年，恩平撤县设市。由于采用民间集资，1995 年与 1997 年恩平市银行机构引发了两次金融风波，把恩平市的国民经济推向了崩溃的边缘。下文是 2001 年《南风窗》第 8 期《恩平，告别"金融之痛"》一文对恩平市这次金融风险的报道，反映了当时社会实情。

　　80 年代末 90 年代初的建设热潮中，恩平也随全国发热，人民银行江门市分行和恩平支行于当年①8 月至 1994 年初，先后三次对一些金融机构无视国家法规，继续以"手续费""协储奖"等形式提高存款利率、扰乱金融秩序问题进行了检查和通报。

　　可惜，好景不长。很快，信用坍塌，出现了挤兑风潮。1995 年中，金融风波首先从建行恩平支行爆发。建行总行被迫调集 20 亿资金支付，风波才得以平息。但事情并没结束。建行兑付的巨额资金，被农行所属的信用社高价吸存，又引发了 1997 年初第二次

---

① "当年"为 1993 年。

金融风波。

人民银行广州分行的姚向明处长是这样描述的："1997年12月恩平兑付存款时，就像1992年深圳'8·10'事件抢购股份申购表似的——那情形真是永远也忘不了。"

谈到这次金融风波的教训时，前任恩平市市长顾士明说："金融风波使全市经济水平至少倒退了10年。恩平所欠的债，全市人民不吃不喝100年才能还清"。

这话有些夸大。但从2000年的统计数据看，恩平的一般预算收入是1亿零70万元，比1999年大幅增长了25%。尽管如此，比起数十亿的债务包袱，这是一个很小的数字。何况，这笔收入连工资都不够发——市级机关干部1998年欠3个月工资，直到2000年底才补发了其中的1个月。乡镇的拖欠工资有的超过了一年。

一位记者沿325国道访问恩平时写道："只见几十家水泥厂、纺织厂、铝材厂都已关门，厂房破旧，人迹全无。城镇没有像样的市政建筑，交易市场生意清淡"。笔者就此问冯秘书现在的情况。冯说，现在启动了一些，但还是有大量资产闲置。而2001年1-5月的经济工作情况报告也证实了这一点："受金融风险直接影响，四年来，我市国企得到的商业银行贷款几乎为零。银行断奶……大部分企业处于停产和半停产中。"

在对有关管理者进行访谈，了解恩平市进行温泉旅游资源大开发的社会经济背景时，受访者对这次金融风险多有提及。正是在这样一个社会整体经济衰退的背景下，恩平市的几个温泉分别得以投资开发。

2. 针对外来投资的优惠政策与扶持政策

为了带动地方经济发展和引进资金，恩平市政府先后几次颁布政府条文法令，制定了针对投资者的诸多优惠政策，鼓励民资、外资来恩平市投资建厂。

恩平市政府 1995 年第 20 号文件《恩平市鼓励外商投资的若干规定》对原有的外商投资优惠政策进行了修改，做出新的决定，对来恩平市投资的外商给予税收上的优惠："对经营五年以上的，第一第二年免征企业所得税、免征地方所得税，第三至第五年减半征收企业所得税和地方所得税""外商……直接投资于该企业，增加注册资本，或者资本投资开办其他外商企业，经营不少于五年的，经投资者申请，税务机关批退，退还其再投资部分已缴纳所得税的 40% 的税款"等。为了引进投资，恩平市政府做出了最大努力。

1996 年恩平市政府又下发了《恩平市鼓励外商投资的补充规定》（以下简称《补充规定》）指出，"……对于外商投资企业用地从优。外商投资企业使用国有土地，免征土地使用税；购买土地使用权每亩土地 2 万 ~ 5 万元人民币；办证费用减半收取。租用土地，每月每平方米租用费 1 ~ 3 元人民币"。1998 年又对 1996 年的《补充规定》进行修改，给予更优惠的投资条件。1999 年恩平市政府颁布《关于市私营外商企业投资开发区的若干优惠规定》，开始通过优惠政策进行行业与产业引导，主要以工业为优惠对象。2003 年，恩平市政府出台《恩平市扶持私营企业奖励暂行办法》，支持本市私营企业的发展。从恩平市政府 1993 ~ 2003 年下发的政府文件来看，政府通过出台各种优惠政策促进本地经济发展，特别是在 1995 年与 1997 年的金融风险之后，政府加大了优惠力度。直到 1999 年，恩平市才开始有针对性地发展本地经济，提出了对开发区内产业的优惠规定。

基于这些优惠政策，恩平市政府给投资方提供了极大的优惠，激发了投资方在投资期间的运营与管理热情。金山温泉、帝都温泉以及锦江温泉几个温泉度假村的投资方在 1996 年之前跟政府确定了投资意向，成为当时政策的直接受益者。

3. 企业利益最大化的资源管理方案

站在投资方的立场上，企业投资者希望能够垄断某一温泉资源，减少同一区域内的竞争者，同时，较大的泉水储量也可以作为企业后期发展的战略储备。从企业角度来看，温泉水资源的垄断有百利而无一害。

金山温泉第一任总经理吴建国则从"资源共享"的思路出发，认为温泉应该为大家所共同享用。在这一思想的指导之下，温泉水资源开发的具体操作方式如下：某家大型企业出资，进行温泉水资源的勘探，并获得探矿权与采矿权，为了使温泉水资源达到最大使用效率，应该由获取采矿权的企业进行温泉水资源的共享，几个企业共同进行温泉水资源的开发。这一资源管理模式与广东省从化老温泉的资源共享管理模式有些相像。但是金山温泉水资源开发却在实施中受挫，并最后导致了金山温泉与温泉乐园关于采矿权的纠纷。在这一模式中，投资方所扮演的是温泉水资源代理商的角色，并且该种模式依靠的是企业对资源开采使用的自觉性。温泉水资源的代理方作为资源开发主体在实际操作中难以掌握对资源统一管理的主动权，最后导致该种温泉水企业管理的代理模式失败，采矿权仍由单个企业独自享用。

（二）政府资源市场的资产化运营

在市场经济体制下，国家对温泉资源实行商业化配给，由投资方出资探矿，并获取探矿权与采矿权。在此种资源管理模式下，各地政府基于当地社会经济发展情况分别采取了不同方式参与温泉资源开发前期的准备工作。第一种类型，政府投资勘探温泉资源储量，并规划开发布局，向温泉水使用企业出售温泉水的使用权；第二种类型，政府对当地温泉资源进行勘测，为开发商提供科学翔实的资源信息，吸引开发商进行投资，并通过招标的方式转让温泉采矿权。

进行温泉资源开发首先要针对温泉水资源的储量以及水质等内容进行勘探。1995～1997 年，恩平市政府财政困难，投资 50 万元以上对温泉水资源进行勘探较难实现。由于缺乏温泉开发前期的运作资金，恩平市政府把温泉资源勘探工作交给各温泉旅游地开发的投资者，由投资主体向政府提出申请，并出资进行温泉储量的勘探与开采。

政府财政的紧张并不足以解释政府在温泉独享使用上的立场。黑坭温泉是恩平市域内的第四个泉眼。恩平市现在已经探明了储量，并就黑坭温泉的开发征地400万平方米。对于黑坭温泉的开发，恩平市在招商引资中明确表示，"对于此次温泉的开发，仍将贯彻由一家'大'企业独立投资开发的政策，保护温泉水资源，并且这样比较容易得到投资方的青睐。"

二 温泉旅游资源配置效率较低

从企业角度来讲，某家企业单独享有温泉采矿权有利于其对温泉水资源更好地进行管理调配，更有效地根据温泉水资源状况进行开发使用。根据对几家温泉企业实际温泉水开采量的分析可以看出，温泉水资源配置效率低下的现象普遍存在。由于规模小、客源少，金山温泉与帝都温泉全年大部分时间温泉水的使用量都小于限制开采量，造成温泉水资源大量浪费。与此同时，锦江温泉由于采用娱乐型开发模式，温泉水的开采量大大超过了限制开采量。

从矿产资源管理的角度进行分析，温泉企业的矿产资源开发利用效率可以从其税收与内部盈利能力表现出来。考察几家温泉旅游企业的运营情况后发现，除了上缴一定的税收之外，企业大部分经营项目处于亏损状态。由于单个温泉企业掌握温泉采矿权，金山温泉与帝都温泉不仅存在矿产资源的浪费，而且企业内部效率较低。锦江温泉的开发虽然内部盈利率较高，但是其以温泉矿产资源的超量开采为代价。

温泉资源配置与使用效率低下的原因有以下几点：温泉旅游淡旺季差别较大，温泉企业不存在淡旺季调节机制，在温泉旅游淡季，温泉水资源浪费严重；娱乐型温泉旅游地开发模式使温泉出现超量开采，其以温泉资源的不可持续开发为代价；温泉矿产资源管理体制不完善，资源价格不反映价值。

（一）温泉旅游淡旺季的差别

温泉旅游具有明显的淡旺季差别。旺季时旅游者人数增加，基于游客的需要，温泉浴池换水次数增多，泉水使用量增加；及至夏秋淡季，温泉旅游者数量骤减，造成大量温泉旅游地设施闲置，温泉水使用量也开始减少。对于单个温泉旅游企业来讲，温泉水储量大，较少会出现超量开采的情况。但是在温泉旅游淡季，游客接待量减少，温泉水开采量远超游客需求量，造成温泉水资源的大量浪费，因此必须通过一定的产品开发机制或者市场营销手段对温泉旅游地淡旺季进行调节。

放弃原有的高端定位市场是温泉旅游地所采用的营销手段之一。以帝都温泉与金山温泉为例，随着客房数量的增多，客源市场已经从原来的散客旅游市场转向大众化的团队旅游市场。根据调查，帝都温泉、金山温泉、温泉乐园与锦江温泉四家温泉企业在广之旅旅行社推出的两天自助游的价格（含来回车费、温泉门票与住宿费）只有248元/人，大量团队包价游客的增加以温泉水的大量使用和价格低廉为代价。在每年的旅游旺季，散客与团体客源急剧增多，各温泉旅游企业的温泉水使用量已经很接近限制用水量。

（二）娱乐型温泉旅游地开发模式

娱乐型温泉旅游地开发模式以锦江温泉为代表。该种温泉旅游地开发模式是对园林式温泉旅游地开发模式的升级。娱乐型温泉旅游地开发模式的前提是大量使用温泉水。锦江温泉自身温泉水资源储量较小，而该种开发模式又需要进行大量温泉水开采，最终导致温泉水资源的过度开发。

2000年年初，我国开始形成以锦江温泉为代表的娱乐型温泉旅游地开发模式，并且全国范围内迅速形成了一种消费趋势。除了水上乐园项目的开发，我国出现了其他如以冰雪等为主题的温泉旅游地。以锦江温泉为代表，温泉旅游地的开发已经偏离了温泉旅游产品健康和疗养特色开发路线，走向了全面的娱乐化和市场化。

（三）温泉水监督管理体制不完善

1. 开采监督不到位

按照温泉水的开采和管理相关条例，主管部门应该对温泉水的使用进行每日开采量监控，而实际上这一管理办法存在操作上的困难，因此当地矿产管理部门采用月均限制开采量的办法进行监管。这种温泉水监管方法很难在游客较多的周末进行泉水用量及时监控。此外，在黄金周期间，温泉旅游地每天接待量最高峰可达几千人，温泉水的开采与使用量大大超出了温泉水的限制用量。

2. 新的生产技艺得不到利用

各温泉旅游地采用的温泉水开采与加工工程技术差别较大。金山温泉采取的是直接开采，并使用露天自然降温的办法获取适合人体的温泉水。温泉本身是一种能量的载体，采用露天降温的办法获取对人体有用的温泉水，无形之中造成了能源的浪费。

针对温泉水在使用之后产生的废弃用水，大部分企业都采用直排法，将使用后的温泉水直接排放。根据检测结果，金山温泉水含有超量的氟，如果大量排放会造成环境恶化。虽然这一点在金山温泉矿产储量的报告书上有专门的说明，但是主管部门并没做任何技术上的指导，而开发企业也没有针对这一环节采取相关的处理措施。针对温泉废弃用水的处理，国内现有很多地方采取地下水回灌的办法，这一方面避免了对环境的污染，另一方面也保证了地下热水的质量，避免了过多开采造成地陷等。

（四）温泉水价格不反映其价值

温泉水作为一种矿产资源，具有自身的价值。对温泉资源进行商业开发的成本包括温泉水使用补偿费和采矿权使用费。恩平市现有温泉水的资源补偿标准为0.3元/吨。该定价标准制定于1995年，其所反映的是在 1995 年的社会经济环境下矿产资源的一般补偿费率。如果把温泉水资源作为资产进行运营，必须考虑市场因素，建立价格调节机制。根据国家相关规定，矿产资源市场化运营的补偿费为营业额的 3%，管理部门必须制定合理的矿产资源补偿制度，确定合理的资源补偿价格，这样才能够促进温泉开发企业合理高效利用资源。

三　温泉旅游产品的粗放、简单式开发

现有的温泉旅游产品开发，大部分仍然仅限于温泉泡浴与温泉别墅两种开发方式，其内容简单，不同旅游企业之间差别较小。同一温泉旅游地只有一家温泉企业进行开发，没有与之相联动开发的旅游项目，难以形成比较丰富的温泉旅游产业价值链。锦江温泉采用了娱乐型温泉旅游地开发模式，虽然温泉旅游产品形式新颖，但是其本质是以温泉为包装的水上乐园。该开发模式对地热矿的品质要求较高，温泉水量需求较大，并且基建成本投入相对高。

形成温泉旅游产品的粗放、简单式开发这一特点的原因在于温泉文化建设薄弱、社区温泉文化认同度低以及温泉开发的市场导向。

（一）温泉文化建设薄弱

对温泉的粗放式开发忽视了温泉本身的疗养与康复功能，其根源在于缺乏对温泉休疗养文化的了解与认可。改革开放之后，我国温泉开发不再具有温泉资源社会健康保障性质，完全走向了市场化经营，因此温泉旅游经营者面对的是一个断层的温泉文化市场。

断层的温泉文化市场与我国温泉开发历史有关。从新中国成立到改革开放，我国的温泉地具有事业单位疗养院性质，不对外开放，一般民众没有机会享受温泉疗养。在这种情况下，形成的是面对特定阶层的保养和疗养市场。改革开放之后，温泉矿产资源的开发全部转向市场化运营。温泉的疗愈效果主要体现在慢性病治疗以及预防性治疗，需要使用者长期坚持，并且收费高。在这种条件下，出于治病强身的目的到温

泉疗养院进行消费的群体改变了治疗方案，温泉健康疗养消费群体消失。

当今温泉旅游开发者面对的是大众化的温泉休闲市场。这个市场的消费群体大部分没有系统了解过温泉疗养文化，不知道温泉对疾病治疗的功效，缺乏对温泉文化的深入了解。其对温泉的了解大部分来源于媒体介绍，缺乏对温泉疗养文化的认同。

西方温泉医疗发展的历史告诉我们，对温泉医疗保健效果的认同需要医疗专家的研究指导，只有通过社会保障体制等条件才能使温泉文化深入民心，才能使温泉疗养成为医疗保健的一种选择。

（二）社区温泉文化认同度低

根据作者的调查，恩平市部分居民对温泉旅游持否定态度，对温泉文化没有认同感。培育温泉文化首先应获取当地人的认同，把温泉旅游的客源市场定位为外地旅游者市场，忽略本地的文化建设，是不可持续的温泉开发战略。

金山温泉由于设施相对老化已经推出面向当地居民的20元/人的特价票，锦江温泉推出了120元/人的当地居民保价月票，并把温泉旅游地当作市政公园进行建设。培育当地居民的温泉文化认同，是迈向全民温泉文化认同的第一步，也有利于推动温泉旅游地居民温泉福利保障制度建设。

（三）温泉开发的市场导向

温泉旅游企业经营者面对的是一个观光旅游消费为主的客源市场，并且市场主体缺乏对温泉健康和疗养功效的认同。从温泉旅游企业产品运营的角度出发，锦江温泉采取娱乐型开发方式是对水上游乐文化的移植，并有针对性地开发了旅游者所喜爱的参与性旅游产品。从对旅游者消费习惯的了解以及产品开发形式角度来讲，它满足了旅游者的需求，以新颖的方式成功吸引了旅游者的注意力，是成功的；但是从对温泉水资源的利用角度来讲，它忽视了温泉水的休疗养作用，造成温泉水资源的大规模浪费，属于粗放式开发，是低效的。

温泉旅游产品的开发以市场为导向，同时也面临激烈的行业竞争。温泉旅游是广东省传统的优势旅游产品，发展到今天，市场高度竞争，温泉旅游地要么推陈出新开发新产品，要么采取低成本战术获取市场竞争优势。以低价为卖点获取竞争优势的温泉旅游产品制作粗糙，难以吸引旅游者。

针对缺乏温泉文化认同的消费市场，温泉旅游企业经营者应该充分认识到，每一个温泉旅游从业人员都是温泉文化的传播者，同时也可以成为其受益者。宣传正确的温泉文化以及消费理念，将有助于提高温泉水资源的利用效率，并促进新的温泉开采技术的使用。

四　经济带动效应有限

资源独享型温泉旅游地开发在一定程度上带动了本地经济的发展。根据对四家温泉企业的调查，有三家温泉企业中本地员工都占到了大部分（锦江温泉除外），就业总人数 1500 人左右，其中包括很多文化知识水平较低的当地劳动力。这对发展当地经济和推动当地现代化建设起到了一定作用。

温泉开发还带动了旅游地周围景点的开发，与金山温泉同处于那吉镇的石头村景区受益于金山温泉的开发。温泉旅游地附近沿路经济发展较快：作为去往金山温泉必经之路的大槐镇商业街，即温泉乐园与金山温泉对面的商业街，较为明显地显示了温泉旅游地开发对周围产业空间布局的影响；良西镇的温泉路以及沿路经济也形成了一定规模。

虽然温泉旅游地在一定程度上带动了当地经济的发展，但是带动效应相对有限，既没有形成大规模的景区产业集聚，也没有明显推动当地城市化发展。造成这一结果的原因有三点：温泉资源的独享式开发使得其他企业很难进入，难以形成产业集聚；受区位限制，温泉旅游地与周围景点难以形成联动；旅游地只有一家企业运营，失败风险相对较高。

（一）单个企业资金匮乏，难以形成大规模景区产业集聚

资金问题一直困扰温泉的开发者。金山温泉为了追求发展和开发大规模景区，不断想办法招商引资，虽然金山温泉管理方尝试过卖地、委托经营等方式，但是仍然难以维持不到400亩地的开发经营。在此过程中，金山温泉引进民俗村等项目，但是由于管理粗放，影响了整个度假村的形象。

帝都温泉在开发过程中也遇到过相似的难题，在开发的初始阶段中山市某投资者与其他投资者进行合资经营，但是后来由于存在管理分歧就撤回了投资。单一的投资方，由于资金方面的困境，往往难以满足旅游者的多样化消费需求。

锦江温泉现阶段仍然处在接待设施完善阶段，如何增加客房数量成为其主要难题，大型休闲娱乐设施很难进入景区。对于动辄上亿元的温泉旅游地大规模现代化娱乐项目投资，一般的开发商难以独立完成，资金问题成为温泉企业运营的瓶颈。

单个温泉企业进行温泉旅游地的开发，必须具有足够多的资金支持。以港中旅开发的大型海上温泉项目——海泉湾为例，港中旅是国有大型上市企业，资金相对充裕，根据相关资料，其最初地面地基处理就花去了1亿元的资金，而该项目总体投资达35亿元。由此可见，只有资金充足，资源独享型温泉旅游地才有可能形成大规模景区与产业集聚。

（二）与周围景点难以形成联动

现有的温泉市场开发，仍然是停留在泡温泉上（王艳平，2004a），这种产品开发方式使旅游者的体验仅仅停留在露天温泉泡浴区。温泉旅游产品作为一个产品体系，不应该仅仅有泡温泉这一单调的产品设

计，而应该是一个可以满足旅游者多感官、多层次需求的产品体系，在实际的开发中可以涉及"泡温泉"、"看温泉"（温泉博物馆或者展示中心），并可以结合其他健康产品如"瑜伽""水疗""健美休假"等多项活动。我国现有的温泉产品仍然是以观光体验产品为主，游客在温泉旅游地的逗留时间以一天为主，逗留时间短，这样的产品设计方式决定了温泉旅游具有观光特征，难以对温泉周围景点产生带动。

（三）风险高

此外，由于单个温泉旅游企业成为目的地空间的增长极，增加了目的地空间发展的风险。作为一个中小规模的经济实体，企业存在多种经营风险。从风险规避角度来看，温泉旅游地大型企业越多，周边企业经营风险也就越小；反之如果温泉旅游地只有一家温泉企业，则落户温泉旅游目的地空间的企业经营风险较大。

第二节　资源独享型温泉旅游资源的初始配置模式

由前文分析可知，温泉资源开发过程可以分为三个环节：第一个环节是资源的初始配置过程，在这个过程中，温泉从自然状态转变为有人工参与的资源勘探状态，开发商获取温泉采矿权；第二个环节是旅游产品的开发过程，温泉旅游资源向温泉旅游产品转变，旅游者通过支付一定的价格，获取温泉旅游产品，同时这个过程还是对温泉水资源进行开采的过程，温泉矿产资源的开发具有边探边采的特性，因此，对温泉资源进行勘探生产的过程同时也是旅游产品形成的过程；第三个环节是温泉旅游开发的效应扩散，温泉旅游企业通过开发温泉旅游产品成为温泉旅游地社区的核心，带动和影响周边社区以及沿交通轴线的经济发展。

一 资源初始配置的主体

在温泉旅游资源的初始配置过程中，有几方的力量共同发挥作用：探矿者探明资源的储量；开发商选择具有开发潜力的资源进行开发，形成温泉旅游产业空间布局；政府则在开发过程中影响开发商的开发行为，通过税收、政策等宏观调控措施对旅游地资源进行管理。

1. 探矿者

对温泉旅游资源的储量进行勘查的部门有两个——政府与私人企业，二者目标各不相同。

通常情况下，企业的目标是谋求企业利润的最大化，对有些企业来讲，一些其他目的，例如和谐的客户关系、风险小的项目投资等会成为阶段性的经营目标。

政府公共管理部门服务于地方国民经济发展与社会正常运行，其目标会随着时间的推移而发生变化。从外来投资中获取财政税收以及促进地方经济发展可能是政府工作目标，但其他目标例如创造就业机会、提高社会福利、进行收入再分配等也是政府的努力方向。这些目标例如允许对温泉矿产资源进行商业化开发和保障普通民众使用温泉的权利，在一定时期内不可避免地会发生冲突。因此，某一公共资源开发经常反映当时公共管理部门公共政策制定的价值取向。

2. 当地政府

在计划经济时期，温泉矿产资源的价值被忽视，国家对温泉资源实行国家行政配给制度，很少有资源独享的情况存在。

在市场经济体制下，国家对温泉资源实行商业化配给，开发商获取探矿权。在这种资源管理的背景下，政府对资源配置的直接作用包括两种类型：第一种类型，政府投资勘探温泉资源储量，政府开发，转让采矿权；第二种类型，政府对当地温泉资源进行勘测，为开发商提供科学翔实的资源信息，吸引开发商进行投资，并通过招标的方式转让温泉采矿权。

在资源独享型温泉旅游地开发过程中，政府往往没有足够资金进行勘测，一般由私人企业独自进行；如果政府成为投资勘探的主体，则政府获取资源的探矿权与采矿权，将温泉水采矿权转让给开发商。

3. 开发商

开发商进行风险投资，尽量规避风险。对于温泉旅游开发商而言，温泉勘探时期规避风险的最佳办法就是选择已有温泉天然露头并且水量较大的地热矿。当然，对于温泉旅游开发商而言，温泉旅游地的现有基础设施、当地经济发展状况等都是需要考虑的因素。以此为原则，可以解释恩平市三个温泉旅游地的先后开发顺序：热水镬温泉靠近那吉镇，交通相对便利，开发前温泉水自涌量相当大，这使其成为最受开发商青睐的温泉；锦江温泉与帝都温泉在开发之前交通便利程度相似，但是帝都温泉的自涌量以及温度都大于和高过锦江温泉，这使帝都温泉成为第二个开发的温泉。

优惠政策也成为降低开发商投资风险的因素。地方政府从税收、土地使用、温泉水开采以及硬件配套等多方面给予开发商优惠政策，降低了开发商的勘探与经营风险，最大化保护开发商的利益。而规定开发商对温泉矿产资源的独自占有，从根本上解决了温泉水使用量的问题，并且给开发商将来的投资提供了较大空间。

考虑到温泉矿产资源的特性，开发商一般在征地的时候对泉眼附近较容易获取温泉水资源的土地进行租赁，确保自己对资源的垄断，避免其他开发商在附近进行勘探活动，减少竞争风险。开发商通过对土地以及温泉水资源的排他性租用，确保了其在温泉旅游地的长期垄断地位。所以，开发商一旦确立自己对温泉资源的独享地位，地方政府便很难实现对温泉旅游地矿产资源与土地的剥离管理，这为将来温泉开发商超量开采温泉水埋下了伏笔。即使温泉开发商出现了温泉水超量开采的现象，管理部门剥夺其采矿权，开发商仍然占有土地资源。

二 开发商投资决策的影响因素

1. 生产成本因素

（1）资源因素。

是否进行温泉旅游地的开发，地热矿产的特性是先决条件。温泉所在区位会影响市场的可进入性，进而决定温泉旅游地对旅游市场吸引力的大小。

温泉资源是一种可再生能源，在大多数情况下，只要不发生大的地质变动，温泉资源的供给一般会保持不变。温泉水资源的质量受到水温、水量、水质等因素的影响。

一般而言，温泉企业认为地热矿的温度越高越好，这是因为在温泉水的开发利用过程中难免存在着热量的流失。地热资源作为一种矿产，一般可以用于取暖等，在地热资源较为丰富而纬度较高的冰岛，很多农业企业把地热资源用于冬季农作物大棚升温。同样，对于温泉开发企业，温泉水除了用于洗浴之外，还有其他各种利用方式，例如将热能转换为其他能源等，但是遗憾的是，当下的大部分温泉企业都是服务型企业，很少将温泉水转作他用。如果温泉水温度较低，那么企业在温泉旅游开发的过程中将会遇到较多问题。例如如果水温不到 40 摄氏度，旅游者将感受不到明显的水温，再加上在开发过程中较长的管道造成热量流失，在温泉泡浴区，温度就会较低。很多温泉开发企业在泉水开采过程中采取加热泉水提高温泉温度的做法。这一做法为行业所诟病，在加热泉水的过程中存在矿物质流失，所谓温泉水无异于一般的白开水，温泉水的疗养保健功效将大打折扣。

温泉水的水量同样影响温泉旅游地的开发。温泉水的勘探与开采需要经过地矿部门的专业鉴定，而后才可以进行。由于各个地方的地质条件不同，差别非常大，地矿部门未必能够完全预测地矿资源开采之后的具体水量，因此对温泉水资源的勘探开采是具有一定风险的投资行为。

温泉水的水质同样也不受地矿部门的掌控。只有在施工之后，经过地矿部门勘探才能最后得知热矿泉水是否可用于旅游开发。根据地矿以及医疗部门的相关资料，温泉水在大部分情况下适用于旅游开发，可以用于直接洗浴。但是有时温泉水内含有大量的惰性气体、放射性物质或者不利于人体的微量元素，在这种情况下，温泉旅游资源的开发受到非常大限制。

（2）资本因素。

对于温泉旅游地而言，劳动力成本、土地、资金等是较为重要的资本因素。就当前温泉旅游地的开发来看，温泉别墅的修建费用、大型温泉娱乐性项目建设费用以及相关基础设施的建设费用，成为总成本中最重要的部分，但是其建成后也是温泉旅游地主要的项目运营收入来源。

劳动力成本因素是诸多因素中较为重要的一个。在经济发展相对落后的地区，人力资源成本相对较低。在温泉旅游地的开发过程中，雇用较多的当地人有以下优点：一是可以降低成本；二是可以促进当地社区居民参与到温泉旅游地的开发过程中来；三是当地社区居民通过参与温泉旅游地的开发建设提高了个人收入，温泉旅游地与当地社区的矛盾得到缓解。雇用当地人成为开发商在招聘员工的时候较为重视的一方面。

土地因素对于温泉旅游地的开发非常关键。根据温泉旅游地的地质条件，地热矿的天然露头往往是在地质活动相对频繁的地区，因此，距离城市中心往往较远。如果进行温泉旅游资源开发，就必须获取地热矿周边的土地租用权。地热矿位置越偏，用于开发的地租成本也就越低。

开发商自身的实力强弱，在很大程度上受资金多少的影响。根据前文的分析，开发商自身的资金实力雄厚，往往有利于其对温泉旅游地进行大规模长期投入，并可以根据社会经济的发展进行战略规划调整，以满足市场的需求。而资金少的开发商受自身条件的限制，在进行温泉旅游地开发的过程中往往着眼于资金的回流和再投资，因此对于项目的选取显得更加谨慎。

2. 交通因素

交通便利对于温泉旅游地开发具有相当重要的意义。可进入性一直是影响温泉旅游地发展的重要因素。作为一种矿产资源，温泉地处偏远地区，所以温泉旅游地的可进入性决定了温泉旅游地开发的前景。许多温泉旅游地都开通了到主要客源市场的交通巴士，以增强旅游地的可进入性。随着中国对基础建设的大规模投入，越来越多的温泉旅游地结束了受交通因素限制的尴尬局面，大量的高速公路以及高速铁路使得众多的温泉旅游地成为城市人群在周末进行休闲度假旅游的首选目的地。

3. 市场区位因素

当地社区的社会经济发展状况同样可以影响温泉旅游地开发。当地社会经济的发展水平决定了温泉旅游地开发的当地市场规模与消费能力大小。有一个人口基数足够大、社会经济相对发达的依托城市，对于温泉旅游地开发来讲是一个经营保障。如果温泉旅游客源市场大部分依托外地，则会增加运营和管理成本。从人口规模上来讲，温泉旅游地一级客源市场，即距离温泉旅游地 2~3 小时的交通半径范围，有千万人口以上的大中型城市则非常有利于温泉旅游市场的开拓；从当地的社会经济发展状况来讲，人均 GDP 超过 1000 美元即可判定为旅游消费需求较为旺盛的市场。当然，市场区位要素不限于以上几点，还包括人口平均受教育程度、地方的文化传统、宗教信仰等内容。

4. 社区温泉文化因素

温泉旅游地社区温泉文化也会影响当地经济的发展，健康的温泉文化有助于温泉经济的开发。根据调查，虽然温泉旅游地当地居民对温泉文化持肯定态度，但是，在恩平市市区，较高比例的恩平市居民认为温泉洗浴不够卫生，对温泉旅游开发持否定态度，这成为当地温泉开发的一个限制因素。社区温泉文化建设受社会整体温泉文化建设影响。温泉文化涵盖内容非常广泛，从广义上来讲，包含了与温泉相关的整个精神文明的积累。温泉文化扎根于当地社会、经济、文化和传统风俗习惯，也与温泉旅游地所处的自然地理环境相关。

从温泉旅游地的开发历史来看，温泉在中国历史发展过程中扮演着两个不同的角色，温泉在中国传统文化中有不同含义。在民间，温泉是普通民众生活中的一个组成部分，是构成温泉社区的一个必要因素，温泉旅游地附近的居民点往往将热水、汤、泉等作为地方的命名方式。温泉文化自然也融入了温泉社区的居民日常生活习俗中，成为当地社会文化的一个重要组成部分。在中国古代，温泉休闲与洗浴为少数统治阶层所享有，如在中国唐代有关于杨贵妃温泉洗浴的记载。新中国成立初期，温泉成为中国社会保障系统的一个组成部分。中国改革开放之后，温泉作为一种休闲旅游产品进入普通旅游消费者的视野。从温泉文化的角度来讲，中国当代温泉旅游的开发缺乏民众基础，这成为中国进行温泉旅游开发的一个阻碍因素。

5. 政策因素

政策因素是吸引开发商进行温泉开发的重要因素之一。在温泉旅游地的开发过程中，当地政府对旅游开发、资源开发所持态度会影响温泉旅游的发展进程。当地政府对旅游开发的积极和支持政策，将有利于温泉旅游地的旅游项目申报与开展。而针对资源开发的相关规定会影响开发商的参与积极程度。特别是对于资源独享型温泉开发商来讲，政策优惠是吸引开发商进行温泉旅游投资的决定性因素。税收、土地征收费用以及资源利用的优惠，都能促进开发商的投资行为。

三 资源独享型温泉旅游资源的初始配置模式

资源独享型温泉旅游资源的初始配置模式是在特定社会经济环境下形成的，政府以发展经济为目标，为吸引更多投资促进本地区经济发展，允许开发商采用资源独享型温泉旅游地开发方式。

在温泉旅游资源的初始配置模式中，主体包含两个，分别是温泉旅游地政府与外来开发商。在我国当今的温泉旅游资源管理体制下，温泉旅游地政府是作为国家自然资源的代理管理方存在的，温泉旅游地政府有权根据相关的法律和规章制度，对当地的温泉旅游资源进行开发管理和资源配置。在这一管理框架中，当地社区是缺位的。根据我国已有的矿产资源管理办法，当地社区并不在资源配置过程中以任何角色出现。而这正是我国现有温泉资源管理办法的缺憾之处。从温泉旅游地发展的历史过程来看，温泉是当地社区文化重要且不可分割的一个组成部分，在开发过程中割裂二者之间的关系，忽视温泉旅游地开发过程中当地社区的参与，必将导致温泉旅游地开发的失败。以温泉旅游地为投资对象进行旅游开发并获取一定的经济收益是各类型开发商共同的目标。在各类型开发商中，大型国有企业往往兼顾开发利润与当地社区的介入和共同发展；其他类型的开发商则往往单纯以获取超额利润为目标，忽视当地居民的参与，在开发过程中，由于当地社区居民不能参与利润的分配以及当地温泉文化没有得到较好传承，社区与开发商之间的矛盾在所难免。

对于以经济发展为目的的发展中国家或者经济相对落后区域，其吸引投资的目的在于发展当地经济。在温泉旅游开发初期，政府的作用主要是提供优惠政策、招商引资，在大多数情况下，温泉旅游地政府主要将经济发展作为制定政策法规、衡量企业社会贡献的准则，如果不考虑相应的社会发展成本，很容易造成国有资产流失及社会发展严重失衡。

温泉旅游地投资企业以获得超额利润为目标，通过系统考虑温泉旅游资源本身的资源禀赋、温泉旅游资源的市场区位、温泉旅游地的交通状况、社区温泉文化建设，以及温泉旅游地的政策因素，来选择进行投资开发的温泉旅游地。以上是开发商进行温泉旅游投资开发时所考虑的外部环境因素，而温泉企业自身的实力也会影响温泉旅游开发商的决策。如对于当今所流行的温泉旅游小镇的开发，只有大型开发商在金融机构融资政策的支持下才可以进行，项目动辄百亿元以上，一般的中小开发商很难进行类似项目的开发。

在这个资源初始配置过程中有几个重要关系：企业通过申请获取探矿权和采矿权，实现温泉资源所有权与使用权的分离；政府以发展经济为主要目的，凭借温泉资源独享等优惠政策吸引投资。资源独享型温泉旅游资源的初始配置模式可用图4-1表示。

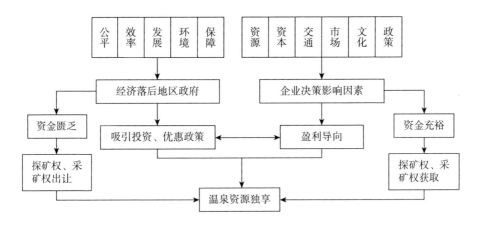

图4-1　资源独享型温泉旅游资源初始配置

形成单个企业占有温泉资源这一资源配置方式有主观与客观两种原因。从政府方面来讲，主观上是想通过这一政策吸引投资，而客观上的资金匮乏也使这一目标得以实现；从企业方面来讲，主观上是出于盈利最大化目的，想尽量多地占有资源控制权，而客观上私人采矿权的获取使独立享有温泉资源成为可能。

第三节　资源独享型温泉旅游地开发模式

实现温泉资源从资源向产品的转化，需要几个重要的因素，根据吴必虎（2001）的昂普理论，需要从资源、市场、产品三个方面进行考虑。前文已经对温泉资源进行了分析，本节主要对温泉旅游客源市场与温泉旅游产品等进行分析。

一　温泉旅游客源市场特征

为了了解资源独享背景下的温泉旅游客源市场特征，笔者针对其客源市场消费行为特征进行了问卷调查和分析，并与其他类型温泉旅游地的客源市场进行对比。

1. 温泉旅游重游率高

四家温泉企业旅游者中第一次出游的占到28%，第二次出游的占到20%，第三次出游的占到11%，三次以上出游的占到41%。

2. 消费较低

温泉旅游者人均消费以100元以下为主。由此可见，温泉旅游地一日游仍然占很大比重。但是在不同的温泉旅游地温泉旅游者表现出不同的消费特征，见图4-2。金山温泉由于实行当地人票价制度，即只要是本地人就可以享受优惠（20元/人）。

3. 注重温泉的医疗效用，但是了解并不彻底

在对温泉旅游者的消费观点进行分析时，调查问卷分别用五个选项代表五种看待温泉旅游开发的观点。问卷调查结果如图4-3所示。A为"泡温泉时尚流行，是一种高雅的休闲旅游方式"，代表追求时尚的一种观点；B为"泡温泉有利于身心健康、精力恢复，医疗效用是最吸引我的地方"，此种观点代表重视医疗健康效果；C为"泡温泉是一

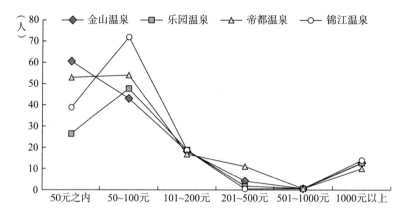

图 4 - 2 不同景区温泉旅游者消费特征

资料来源：问卷调查。

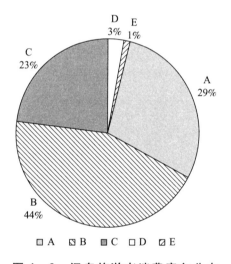

图 4 - 3 温泉旅游者消费意向分布

资料来源：问卷调查。

种普通休闲度假方式而已，与游山玩水没什么区别"，代表普通的观光旅游者观点，把温泉当成一种观光产品看待；D 为"泡温泉只是图个新鲜，来看看就走"，代表求新求异旅游者观点；E 为"泡温泉是被强拉来的，不是个人自愿，不喜欢泡温泉"，代表不喜欢温泉旅游但又不得不来的受强迫旅游者观点。

问卷调查数据显示，有44%的游客的出行目的是医疗健康。但是，对温泉旅游者进行进一步追问，"你知道××温泉泉水对哪些病的治疗有好处吗？""你知道××温泉的泉水含哪几类达到医疗保健作用的矿物质吗？"大部分的人都表示不知道。由此可以看出，虽然大部分旅游者的目的是医疗健康，但是其并不知晓温泉水资源的保健机制。这应该成为温泉开发者和温泉研究者共同关注的问题，即应该怎样才能培育一种正确的温泉健康疗养文化。

4. 逗留时间短

游客逗留时间以一天为主，主要是观光型温泉旅游者。从表4-1可知，温泉旅游者主要为住一晚的旅游者或者当日即回的一日游旅游者，这两类温泉旅游者占到总数的90.8%。温泉旅游地的游客以观光游客为主，造成这一结果的主要原因是温泉旅游地只是处在市场初步开发阶段，没有相关的温泉康养旅游项目的开展，产品粗放式开发，不能留住旅游者。

表4-1　各温泉企业游客逗留时间

单位：人

温泉企业	半天	住一晚	住两晚	住三晚	住三晚以上	合计
锦江温泉	50	88	8	1	0	147
帝都温泉	55	77	7	2	1	142
温泉乐园	9	84	15	3	1	112
金山温泉	40	89	8	1	3	141
合计	154	338	38	7	5	542

资料来源：问卷调查。

5. 客源市场以珠三角经济发达地区为主

根据问卷调查数据，各温泉企业客源市场空间分布情况如表4-2所示。从客源比例上看，广州市是恩平市各温泉企业的主要客源地，广州市游客与珠三角其他城市游客占到了游客总数的 74.6%。珠三角其他城市中以佛山市旅游者多，东莞市旅游者次之，其他城市如深圳市、珠海市等旅游者更少。由于各温泉企业的经营定位不同，客源市场表现状况各不相同。由于采取当地居民享有特殊优惠的经营策略，金山温泉成为几家温泉企业中当地客源最多的一家。

旅游者的出游能力除了受客源地经济发展水平、城市人口规模影响之外，还受交通因素的影响，交通便利、可进入性强、交通成本低会成为促进旅游者出游的主要因素。

表 4-2　各温泉企业客源市场空间分布

单位：人

	恩平市	五邑（不含恩平市）	广州市	珠三角（不含广州市）	其他	合计
锦江温泉	7	17	55	41	10	130
帝都温泉	9	25	57	30	6	127
温泉乐园	2	8	60	39	4	113
金山温泉	21	8	36	50	8	123
合计	39	58	208	160	28	493

资料来源：问卷调查。

二　温泉旅游产品特征

除具备一般旅游产品所具有的特征之外，温泉旅游产品还表现出以下特征。

1. 共性大、差异小

根据调查，温泉旅游产品的设计集中在温泉泡浴产品上，给旅游者的印象是温泉旅游度假村之间产品设计差别小，王冠贤与保继刚（2004）的研究也说明了这一点。

2. 竞争激烈，超额利润空间缩小

温泉旅游度假村的建设长期需要大量的投资，对于一般的民营企

业来讲都是一个挑战。此外，由于温泉资源的探矿点一般距离大城市较远，并且矿产资源本身开采门槛较高，温泉旅游产品价格并不低。大部分温泉度假村的门票为 80~100 元/人，御温泉的门票为 128 元/人，温泉别墅的价格也较一般城市的星级宾馆价格高很多，相当于四星或五星级酒店的价格。

但是随着温泉旅游度假村数量逐渐增多，业内竞争日趋激烈，很多温泉企业开始打价格战，温泉旅游度假村分别在广东省几个大城市设立办事处，进行促销。一般而言，温泉度假村的淡旺季非常明显，并且淡旺季的价格差异较大，在旺季入住房间基本没有折扣，在淡季入住酒店可以打到 6 折或者更优惠的折扣。这与王华（2003）所提的温泉度假村高消费定位有所不同。温泉度假村的产品消费呈现明显的淡旺季差别，随着竞争激烈，利润空间逐渐缩小。

3. 温泉健康文化没得到有效体现

从现有的温泉产品设计以及销售状况来看，很少有人注意温泉旅游产品的内涵，温泉旅游度假村缺乏对温泉水的介绍，游客也很少针对温泉水的保健与疗养作用进行问询。虽然温泉旅游者出游的目的是健康，但是对于如何保持健康、如何进行保健，大部分旅游者仍然处于一种模糊的认知状态。此外，温泉旅游产品开发应该是多维度开发，而不应仅仅限制在温泉露天池区泡浴方面。

三 政府的介入

在这一阶段，政府的主要作用是进行行业管理。

1. 政府介入的方式

政府对温泉旅游地开发的介入方式可以分为直接介入与间接介入。在温泉旅游地开发过程中的直接介入包括直接就相关问题进行政府部门之间的协调与合作，解决开发过程中跨管理部门的协作问题，这种由政府部门直接介入进行多部门协调的工作，往往能够消除开发中的管理部门推诿现象，提高办事效率。通过制定产业发展优惠政策间接介入温泉旅游地的开发也是政府经常用到的手段。税收优惠政策是政府在促进当地经济发展的时候经常使用的宏观调控手段，此外，政府间接介入还包括对宏观经济环境的改善以及对基础设施的完善，从而推进温泉旅游地开发。

2. 政府介入的限制

政府的公共管理政策并不一定能兼顾经济效率与社会公平、生态环境保护与社会经济发展等目标。在经济欠发达地区，政府介入温泉旅游地开发的目的在于促进当地经济发展，但是，由于温泉旅游地政府决策受到多方面的限制，这一目的并不明显。

（1）管理体制的混乱。

温泉矿产资源所有权归国家所有，通过委托代理机制，由地方矿产资源管理部门进行资源的托管，但是，中间又涉及当地政府的介入，形成交叉的多层管理机制。在对温泉矿产资源开发的管理上，开发决策并非由矿产资源管理部门做出，当地政府的强势影响力往往影响甚至决定资源的开发方向，使矿产资源管理政策制定过程较为复杂。并非所有的多层次交叉管理方式就一定是官僚低效的，相反，由于当地政府在温泉矿产资源开发过程中的引领作用，综合考虑矿产资源管理部门与其他行业管理部门之间的关系，协调资源管理与开发和当地社会经济发展之间的关系，从宏观上对矿产资源的配置进行管理，因此温泉旅游地社会发展的综合战略目标更容易达成。

（2）监管机制不完善。

从温泉矿产资源开发机制上来讲，环境保护是很重要的一条，但是，在实际的管理中多种因素影响监督机制的进一步完善。

第一，由于当地社会经济条件限制，不能采取先进的温泉开采与监督技术，也就不能对温泉开发进行有效的环境监控。

第二，监管机制与宏观目标冲突。对于落后地区而言，在短时期内，当地政府以发展经济为主要目标。在开发过程中对环境的影响以及温泉超量开发都会在经济发展、财政增长这一前提下变得相对合理，这意味着矿产资源管理部门的监督管理措施不能得到有效贯彻。

第三，至今没有一套针对温泉旅游企业的有效监督方案。针对温泉旅游企业，税务部门没有与矿产资源管理部门进行有效合作。矿产资源管理部门只负责对温泉矿产资源进行管理，并不知晓矿产资源开发所获取的效益。在整个温泉开发过程中，各部门职能存在交叉，但是又由于"部门利益"，互相之间较难进行有效沟通。因此，对温泉旅游企业的监管需要一个有效的资源开发监管机制，构建从资源管理到收益管理再到税收监督的整个过程的较为完善的监督管理机制。

四 资源独享型温泉旅游地开发机制

1. 社会文化背景

在温泉开发中最重要的是特定社会经济文化环境下的温泉消费文化，其决定了温泉资源的开发方向。从新中国成立到改革开放，我国的温泉疗养院只对特定事业单位人群开放，普通民众很难有机会享受温泉。改革开放之后，温泉开发慢慢放开，20世纪90年代，温泉开发全面商业化。直至此时，我国大部分消费人群才开始接受温泉休疗养概念，并开始温泉旅游度假产品的消费。我国的温泉旅游市场是一个新兴市场，这个市场缺乏温泉文化的熏陶。在温泉开发完全转向商业化之后，温泉资源的开发商面对的是这样的一个市场：消费者数量庞大，消费能力较高，渴望健康的体魄，而对温泉的健康保养性能了解甚少。温泉开发商成为温泉旅游产品消费者的启蒙者与引导者。

2. 开发商的努力

根据上文分析，在温泉旅游市场中，温泉开发商是温泉文化的启蒙者，是他们造就了现在火热的温泉旅游市场，同时，也是他们引发了当代温泉消费的误区。

在温泉旅游市场中，温泉产品的开发现在存在两种开发误区。一种是温泉开发娱乐化。水上乐园式开发方式对温泉水资源的水量要求较高，一般出现在资源独享型温泉旅游地。把温泉水作为普通水进行使用是一种资源浪费，属于粗放式旅游资源开发方式。

另外一种开发误区是对温泉健康产品的表面化理解，认为温泉旅游就是泡温泉。改革开放前露天温泉泡浴的升级产品——园林温泉，成为现在大部分温泉度假村的主打产品，虽然主题包装形式有变，但其内核仍然是温泉水的泡浴。由于投资方资金的限制，温泉配套设施与项目建设受阻，大部分的温泉度假村产品开发简单，粗放式温泉产品充斥市场。

3. 旅游者的态度

经过长时间的温泉开发，温泉旅游产品的消费者不再仅限于少数高消费人群。大部分旅游者已经认识到温泉对人体健康的益处，但是，由于缺乏较为健康的温泉文化引导，其对温泉水资源的重要作用认识不够充分，对温泉旅游产品的健康医疗特征认识不足，温泉旅游产品消费仍然以一日游或者周末两日游为主。

根据调研，大部分旅游者表示可以接受现有的温泉旅游消费水平，但是对资源独享型温泉旅游地的产品设置与周围旅游景点缺乏联动表示不满。温泉旅游者已经对温泉经营者提出了多样化温泉旅游产品构成、延伸温泉旅游内涵、丰富温泉旅游体验的要求。

4. 资源独享型温泉旅游产品开发模式

资源独享型温泉旅游产品开发模式可以用图4-4表示。温泉旅游产品开发模式是在特定的温泉文化发展背景下产生的。在这一模式下，开发商成为引导市场发展的主要影响者。温泉旅游开发商受特定温泉文化的影响，形成个人对温泉文化的理解。由于现有的温泉旅游产品种类少、共性大，因此，我国现阶段对温泉旅游产品的开发都借鉴具有相似或者同种属性的其他旅游产品开发。

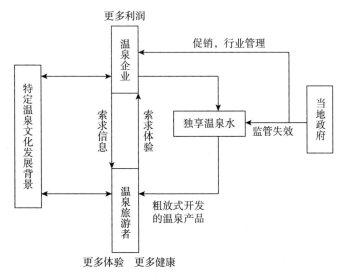

图4-4 资源独享型温泉旅游产品开发模式

温泉旅游者是温泉旅游产品的被动接受者。由于温泉旅游资源有限,并且采矿权为少数独享资源的开发商所掌握,因此容易形成垄断竞争。由于温泉旅游地设施升级所需投资额较大,温泉旅游开发商也很难在温泉旅游产品的开发上有所改进,因此大部分温泉旅游地仍然处在粗放式温泉旅游产品开发阶段。随着温泉旅游者消费观念逐步成熟,他们对温泉旅游的医疗保健功效以及产品设计会提出进一步要求,但是,由于温泉资源仍在少数开发商的控制之下,旅游者对温泉健康疗养旅游产品的需求很难得到满足。

当地政府部门对温泉资源的开发配置进行监督协调,通过直接和间接两种方式进行调控。一方面,由于温泉资源开发监督体制不完善,对温泉水开发利用的监督往往存在政府失灵的问题,开发商不能够真正做到有效利用温泉资源。另一方面,温泉旅游地政府通过对当地旅游资源的整合促销,促进了温泉旅游地的发展。

温泉旅游企业以利润最大化为目标进行温泉旅游资源开发,在开发过程中独自享有采矿权,形成了对温泉矿产资源的垄断性开发。由于缺乏竞争，温泉企业在产品开发设计方面缺乏创新，资源利用效率较低。

在资源独享背景下，温泉旅游产品的开发方式有别于一般市场机制下的产品开发方式。在该模式中，温泉旅游企业与市场需求没有实现良性互动，当地政府对温泉旅游企业也没有实行有效的监督管理。这对温泉旅游产业的发展将大为不利，成为阻碍温泉旅游产业发展的因素。

第四节　资源独享型温泉旅游地开发的影响模式

温泉旅游地开发对当地的影响表现在多个方面，本节主要研究了温泉旅游地开发对当地的经济影响与空间影响。

一　经济影响

温泉旅游地开发对旅游地的经济影响主要体现在就业带动以及产业带动上。

（一）就业带动

资源独享型温泉旅游地开发直接就业带动体现明显。案例地四家企业中，有的温泉企业90%员工为本地社区劳动者，而且企业中当地女性员工数量高于当地男性员工数量。社区居民一般分布在需要较少文化知识的部门或纯粹体力劳动的部门，总体来看，当地社区居民的就业质量并不高。案例地属于经济欠发达地区，当地员工工作期望值低，对职位的满意度相对较高。资源独享型温泉旅游地难以形成大规模的产业集聚，间接就业带动较弱。

（二）产业带动

由于温泉旅游地的垄断开发，其他企业很难进入温泉周边地带。只有少数与温泉度假村产品互补的餐饮企业存在。经济带动要求企业内在性质具有关联性，对于温泉旅游产品而言，温泉旅游产品开发尚处在起步阶段，温泉旅游产品产业链较短，没有形成成熟的温泉旅游产品，温泉旅游开发带动性不强。

此外，单个温泉企业成为目的地空间的增长极，增加了目的地空间发展的风险性。单个企业内部经营问题往往会造成温泉旅游地的衰退，增加其他开发商的运营风险，这也将影响其他开发商对目的地空间的发展信心。

二　空间影响

一般而言，资源独享型温泉旅游地附近会形成小规模的产业集聚，餐饮业发展较好。这些相关产业都具有市场多样化的特点，而不仅仅是面向温泉度假村的游客。

如果资源独享型温泉旅游地依托小型城镇，则较容易形成关联产业的空间集聚；如果资源独享型温泉旅游地选址较为偏远，距离城镇等人口密集社区较远，关联产业的空间集聚较难形成。资源独享型温泉旅游地空间影响的范围和规模还取决于开发商自身实力的大小，如果项目投资大，占地规模大，则容易形成关联产业的空间集聚。

三　资源独享型温泉旅游地开发的经济影响机制

温泉旅游地开发对当地经济的带动主要体现在带动当地居民就业与增加当地财政税收上。

温泉企业占有采矿权，每个温泉只允许一家企业开采，其他大型企业较难进入，温泉旅游地集聚效应不明显，因此在资源独享型温泉旅游地进行投资风险较大，温泉旅游地周边只有少许"多维经营"的相关小企业存在。这一现象还与温泉旅游产品的开发有关，由于大多数温泉旅游产品开发仍然处在观光产品开发阶段，旅游者逗留时间短，对周边相关产业的带动性较弱。

由于当地只有一家温泉度假村，并且受淡旺季影响以及自身条件的限制，部分居民只能偶尔进入温泉度假村少许部门就业，且多为简单体力劳动部门。度假村附近小企业多为家庭作坊性质，受度假村规模以及经营现状的影响，资源独享型温泉旅游地开发对就业的带动性不强。

温泉旅游地的开发对当地经济的带动还体现在对当地财政税收的贡献上。温泉旅游地的开发通过地租、管理费以及税收等形式实现对收入的再分配，促进当地经济的发展。温泉旅游地对关联旅游小企业的带动也会在一定程度上促进当地经济的发展，但是由于规模较小，对当地财税的贡献有限。综上所述，资源独享型温泉旅游地开发的经济影响机制如图4-5所示。

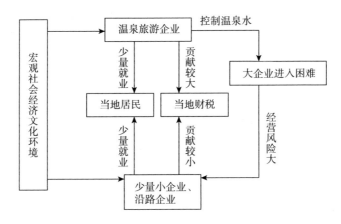

图4-5 资源独享型温泉旅游地开发的经济影响机制

温泉旅游地开发的影响机制来源于产业集聚的外部经济原理，产业集聚可以产生外部经济性。而在本书研究中，由于温泉企业独自占有温泉水资源，难以形成同业集聚，同时相关产业也难以在目的地空间形成产业链的延长。资源独享型温泉旅游地开发具有产业上的非集聚性，不能成为区域的经济增长极，对区域经济发展的带动有限。

第五章

资源无限共享型与资源有限共享型温泉旅游地开发

——以从化温泉为例

第一节　温泉水无限共享开采

——从化老温泉的开发与管理

从化区位于广州市东北面，是我国有名的温泉疗养地。从化老温泉原名流溪温泉，1628 年的《从化县志》记载，"温泉二，……其出如汤沸，可热生物"。康熙二十九年（1690 年）和雍正八年（1730 年）修订的《从化县志》上已有该地"其水温热"的记载。温泉三处瀑布之一的"百丈飞来"是从化八景之一。明、清的县内、外名人对温泉水和附近景物均有诗词题及。据相关资料记载，温泉的发现最晚在清朝。但温泉风景区的创建，则是在 20 世纪 30 年代才开始的。

一　从化温泉地质状况

从化温泉地下储水层在 200 米深层，由于储量丰富，水压较高，表层第四季沙粒层比较薄，所以一般在 3～5 米就有热水涌出。经测定，日自涌量约 1400 立方米，最大时日自涌量为 3000 多立方米，热水出自地底深处的岩石裂隙，自然涌向地面。通过对从化温泉的热泉水进行分析鉴定，确认其为重碳酸钠型水，pH 值 7 以上，水中含有氟离子 5.9～10.11 毫克/升，以及多种对人体有益的元素，如铝、锰、钴、铜、银等，矿化度在 0.4 克/升以上，含有放射性氡，其量值为 11～59 马歇单位，在医疗上具有重要价值。

二　从化老温泉旅游地的开发

从化温泉的开发始于 20 世纪 30 年代初，当时西南航空公司常务理事刘沛泉约好友陈大年、梁培基来此游玩，并决定对此地温泉进行开发。1934 年，刘沛泉、陈大年、李务滋发起成立温泉建设促进会，向社会推介温泉。在促进会的推动下，先后进行温泉别墅建设的有国民革命军第一集团军总司令陈济棠、广东省财政厅厅长区芳浦、广东省主席林云陔、广东省高等法院院长谢瀛洲、国民党元老胡汉民、广州市市长刘纪文等。1933～1936 年有 37 栋别墅建成，都为当时国民党政府高官以及当地富豪所有。

新中国成立后，为了管理好这个风景游览区，广东省于 1982 年成立了广东省从化温泉管理委员会，负责风景区内的建设和美化环境等事项。党和政府对温泉风景区的建设很重视，迅速对从化原有的别墅进行修葺，又在河东北区建了疗养大楼、理疗大楼和别墅式的广东省从化温泉干部疗养院。1952 年建设了广东省人民政府交际处第二招待所，1952 年建设了温泉招待所，1956 年建设了广东省交通厅疗养院，1958 年建设了广州军区从化温泉招待所。从这一时期的温泉开发来看，当时的温泉建设项目具有明显的疗养与康复功能。20 世纪 50 年代后期和 60 年代初期有很多党和国家领导人来从化温泉参观游览和疗养。

"文化大革命"期间从化温泉的建设一度停止。"文化大革命"之后从化温泉得到进一步的建设。其中包括 1976 年广州政府率先建设了从化县（现在为从化区）中国旅行社，1981年建设了广州市经济委员会的碧泉宾馆，1983年建设了从化干部疗养院、水利电力部从化疗养院、广州公用事业局的玉溪山庄和玉溪餐厅，1985年建设了邮电局的休养楼、广州市农业银行银楼招待所，1986年建设了从化县供电招待所，1987年建设了中国银行招待所，1988年建设了广州市房管局休养所等。

在对原有设施（1962年广东省人民政府交际处第二招待所更名为广东温泉宾馆，同年华南区干部疗养院更名为广东省干部疗养院，广州军区从化温泉招待所更名为荔圃宾馆）陆续改造的基础上，从化温泉增加了诸多新设施。1988年从化温泉拥有各种楼宇320栋，建筑面积18.815万平方米，共有36家单位在从化温泉开展疗养、旅游业务。到1992年住宿接待单位增长至46家，具备918室的接待能力。

进入新的发展时期，新的温泉开发方式使温泉的开发转向了以住宿、洗浴为主的接待模式。然而，由于从化老温泉旅游地硬件设施更新困难，即使许多宾馆进行了重新装修，仍然难以扭转当地旧式温泉企业的衰退之势。当地失业率提高，居民收入增长缓慢。

改革开放之后，国家机关以及省市政府在温泉旅游地进行大规模建设。虽然这在一定程度上加快了从化城市化进程，促使从化成为温泉旅游镇，但是，不顾温泉资源承载力的超量扩建和开发的模式导致了从化温泉泉眼的枯竭和退化，当地温泉旅游产业急需新的温泉开发模式和消费理念。

三 从化老温泉旅游地开发现状

（一）温泉资源的衰竭

从化温泉原有13处泉眼，但是位于河东岸的5处中有3处由于水温下降被迫停止使用。针对从化温泉过度开发的情况，广东省矿产管理部门指出将来在温泉开发时要注意"统一开发，统一规划，统一管理"，避免对温泉资源的掠夺式开发。

（二）温泉镇的形成

从化温泉旅游地的城市化表现在温泉旅游地的空间布局以及土地利用的变化上。根据王艳平（2004b）的分析，从化温泉的开发历史长，温泉旅游地已经具有温泉城市的雏形。现在温泉旅游地的空间布局已经形成了河东旅游、河西保养、北部疗养、南端住宅（别墅）的格局。在土地利用方面，温泉镇现有天湖村和温泉村两个行政村。天湖村的山林、瀑布及水库等旅游资源以及温泉村的温泉资源构成了从化温泉旅游资源的基础。20 世纪 30 年代初从化温泉村只有 400 人，而到 1984 年温泉村人口增长至 1437 人。1952 年从化温泉村尚有 1200 亩水田，而 1988 年只有 638 亩水田。土地利用模式的变化明显地显示了旅游开发对当地空间的影响。

（三）新旅游空间的拓展

1994 年，从化当地政府以热水村（新温泉旅游地）为旅游空间的拓展方向，规划了温泉浴场、大型购物中心、国际会议中心、别墅区、旅游学校等项目。目前从化新温泉旅游地已经发展成了一个全新的温泉旅游酒店集聚地。截至 2019 年，当地已经有凤凰山庄、英豪宾馆、碧水湾、文轩苑、都喜泰丽温泉度假酒店、卓思道温泉度假酒店、新温泉度假山庄等温泉酒店。

四　从化老温泉开发特征分析

（一）以国有资本为主，休疗养为主要服务项目

从化温泉从开发伊始就特别强调温泉水的疗养和医疗功能，而温泉水的医疗功能经由岭南大学德国籍医生柯道得到了很好的宣传。

新中国成立早期，由于缺少足够的建设基金，从化温泉的建设多是在原有基础上的修缮和改进。当时我国温泉的休疗养体系沿袭苏联的

温泉保养传统，而苏联的温泉保养机制基本与东欧国家一致。新中国成立以后，我国对疗养院的建设与从化温泉原本的建设方向一致，这种温泉文化的沿袭以及温和的建设体系，使从化温泉顺理成章成为当时国家干部机关的疗养地。从中我们可以看出温泉的休疗养功能发挥不仅需要依托当地居民的健康文化，还需要结合国家政策的扶持，这样温泉文化传统才得以延续和发展。

进入温泉现代开发阶段，温泉疗养与保养项目运营走向市场化，温泉的疗养与保养功能失去了制度依托，造成了从化老温泉旅游地的衰落。

（二）管理体制不顺

改革开放后，从化温泉的开发与管理主要由1982年成立的广东省从化温泉管理委员会（简称从化温泉管委会）负责。依据当时我国国家行政机构的设立等级规定，从化温泉管委会属于处级行政单位，然而当时入驻从化开展建设的机构多是省部级单位，加上管理政出多头，这种行政等级的差距使得从化温泉管委会难以协调当地土地资源和温泉资源的利用。当时从化各单位划地开发，然而从化温泉管委会却不能有效监管。

（三）资源价值不受重视

改革开放后的一段时间内，国家对资源的开发与管理比较粗放。在我国，温泉属于国有资源，温泉资源使用须出国家配置。当时国家对于温泉的使用采取配给制，忽略了资源开发的环境成本和社会成本。这种对资源价值认识的不足，使得温泉被过度开发，是造成泉眼枯竭的原因之一。

（四）旅游地城市化

改革开放前国家对温泉资源进行放开式管理，多家单位能够共用一个泉源的泉水，这使得从化形成温泉疗养产业聚集。完备的旅游服务以及便利的基础设施，促成了从化旅游空间的变化，从而加速了从化城市化进程。在一段时期内，当地社会经济获得突飞猛进的增长。

产业集聚是指由一定数量的企业组成的产业在一定地域范围内的

集中从而实现集聚效益的一种现象，一般包括同一种类型产业的集聚和两种不同类型产业的集聚。温泉疗养业在从化的集聚是一种同业集聚，由于疗养院实际上受到国家体制保护，疗养对象是相对固定的政府部门人员。温泉行业的性质决定了这种同业集聚的发生并能在一定程度上促进集聚产业的发展。但是改革开放后，市场经济的冲击加之消费者消费观念的改变，使得从化原先的温泉产业模式遭受挑战。当地的温泉产业开始走下坡路，失业率增加，经济发展缓慢。

第二节　温泉水有限共享开采
——从化新温泉的开发与管理

一　从化新温泉旅游地温泉水资源管理

（一）温泉水质量评价

在热水村（新温泉旅游地）现有泉井 12 个，地下水总硬度为重碳酸钾钠型，水温 37 ~ 71 摄氏度，一般为 50 ~ 60 摄氏度，热水中富含偏硅酸，含氟离子和特殊气体成分及少量氡射气，多项指标达到中国医疗热矿水水质标准中的医疗价值浓度。其中氟离子浓度超过中国医疗热矿水水质标准中的医疗价值浓度五倍，偏硅酸浓度超过标准中的医疗价值浓度两倍，热矿水水质较好，适宜作为旅游业用水、医疗用水。该温泉水对皮肤病、肠胃病、风湿性疾病、神经性疾病、高血压和动脉硬化等均有明显疗效，对减肥、保健、延年益寿也有良好功效。

（二）温泉水出水量与允许开采量

从化新温泉旅游地温泉水的削减系数存在不均的现象，反映出温泉水同时抽水时相互干扰明显。温泉的开发必须保证温泉水的可持续利用，依据最大削减系数和平均削减系数分别计算单孔允许最大开采量（见表 5 - 1）。

表 5 - 1　从化新温泉各单孔出水量与允许开采量

孔号	原单孔出水量（米³/天）	最大削减系数	单孔允许最大开采量ᵃ（米³/天）	平均削减系数	单孔允许最大开采量ᵇ（米³/天）	备注
ZK1	155.60	0.66	53	0.45	86	—
ZK2	160.00	0.66	54	0.45	88	—
ZK3	162.43	—	250	—	250	参考前人抽水资料
ZK4	1273.45	—	1273	—	1273	选自群孔抽水结果
ZK6	846.98	—	847	—	847	选自群孔抽水结果
ZK7	1300.00	0.66	442	0.45	715	—
ZK8	867.80	—	868	—	868	选自群孔抽水结果
ZKA	549.00	0.66	187	0.45	302	—
ZKB	250.00	0.66	85	0.45	137	—
总计	5564.46	—	4059	—	4566	—

注：其中 ZK5、ZK9、ZKC 三孔资料缺乏，a 代表依据最大削减系数计算的单孔允许最大开采量，b 代表依据平均削减系数计算的单孔允许最大开采量。

资料来源：《2004 年广州从化温泉养生谷总体规划》。

从表 5 - 1 的计算结果可知，从化新温泉允许开采的温泉总量介于 4059 米³/天与 4566 米³/天之间，如果所有管井共同使用，应采用单孔允许开采的最低值，则允许总开采量为 4059 米³/天，若各个管井单独抽水或分成若干组错开抽水，则允许总开采量为 4566 米³/天。

（三）温泉水管理

1994 年，经从化市委、市政府研究决定，成立从化市新温泉管理委员会，负责度假区规划、开发与管理，2002 年更名为从化市流溪温泉旅游度假区管理委员会，2015 年更名为广州市从化区流溪温泉旅游度假区管理委员会（下文简称为温泉度假区管委会）。但是由于其权力有限，不能行使有效的管理手段，造成旅游开发市场出现"占山为王"的分块发展现象，对个别企业温泉水资源使用的管理完全超出了温泉度假区管委会的管辖范围。

管理体制的失效使得区内部分企业温泉水的使用处于失控状态。在开发之初存在部分企业自行打井、自行开采的无序开发状态。在已有的接待设施中所有的客房均使用温泉水代替热水，有部分企业的冷水是温泉水冷却之后的矿泉水。更有甚者，有些企业员工和服务人员生活区内用水都为温泉水，"温泉水洗衣"的情况时有存在。温泉水是旅游区最为重要的财产，这种对温泉水资源的浪费行为必将影响整个温泉区的开发。

从化新温泉旅游地各温泉企业所开发的温泉产品主要为温泉洗浴，到本区的游客逗留时间大多不到一天，过夜游客比例较低。

（四）温泉水目前开采状况

自1975年建立凤凰山庄（即军烈属疗养院）以来，从化新温泉旅游地内陆续开挖了12个管井，目前日抽水量达3000立方米，日用水量平均为2160多立方米。从化新温泉旅游地现有部分温泉酒店的温泉水用量情况见表5-2。

表5-2 从化新温泉现有部分温泉酒店的温泉水用量

温泉酒店	平均日用量（米³/天）	最大日用量（米³/天）	2002年用量（米³）	2003年用量（米³）	备注
凤凰山庄	200	300	—	—	内部独立抽水
英豪宾馆	320	600	105672	130660	—
地铁培训中心	40	70	11540	11630	—
文轩苑	400	650	53741（8~12月）	127055	—

续表

温泉酒店	平均日用量 （米³/天）	最大日用量 （米³/天）	2002 年用量 （米³）	2003 年用量 （米³）	备注
碧水湾	700	1200	42095 （10～12 月）	291001	—
新温泉 度假山庄	500（计划）	500（计划）	—	—	建成一期
其他接待 设施	4	4	114（8 月）	—	常青酒店
合计	2164	3324	213162	560346	—

资料来源：《2004 年广州从化温泉养生谷总体规划》。

二 从化新温泉旅游地的开发

（一）客源市场现状

从化新温泉市场是一个大众化的度假市场。广州市游客占到 62%，珠三角其他城市（不含广州市）游客占到 8%，从化本地游客占到 3%，省内其他地方游客占到 16%，外省游客占到 11%（见图 5-1）。

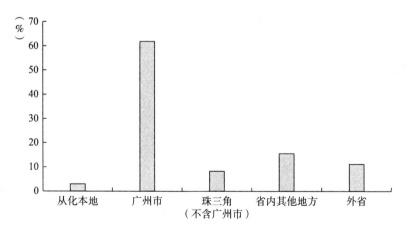

图 5-1　从化新温泉客源地分布

资料来源：《2004 年广州从化温泉养生谷总体规划》。

前来度假的游客占到总数的 61%，参加会议的游客占到 12%，疗养的游客占到 7%，培训的游客占到 5%，其他游客占到 15%。旅游消费金额以人均 200 元/天和 300 元/天为主，分别占到 34.2% 和 24.8%，累计达 59%；其次为 400 元/天和 100 元/天，分别占到 16.9% 和 12.2%；人均 500 元/天的比例最少，占到 11.9%。

（二）旅游产品开发

从化新温泉旅游地现有温泉产品开发仍然是以洗浴为主，其主要温泉池设施规模见表 5-3。

表 5-3　从化新温泉旅游地现有部分温泉酒店洗浴接待设施

温泉酒店	洗浴接待设施	接待规模（人次/天）
碧水湾	3 个大池、28 个小池、12 间木屋	4000
地铁培训中心	1 个大池、5 个小池	200
英豪宾馆	1 个大池、5 个小池	200
新温泉度假山庄	2 个大池、9 个小池、15 间小木屋	1000
凤凰山庄	1 个大池、12 个小池	200
新规划度假酒店	—	1600
合计	—	7200

资料来源：《2004 年广州从化温泉养生谷总体规划》。

现已开发的温泉酒店的主要娱乐设施包括运动场所、康乐场所、卡拉 OK 及舞厅、水上娱乐设施等，目前已有娱乐设施见表 5-4。

由于温泉水由温泉度假区管委会统一供应，受温泉水供应量的限制，从化新温泉旅游地现有温泉设施接待规模都偏小。同时这也是开发 10 年来，从化新温泉旅游地少有投资者问津的主要原因。由于没有足够的温泉水，温泉度假酒店很难在项目上有新的突破，在接待规模上也受到限制。

表5-4 从化新温泉旅游地部分温泉酒店已有娱乐设施

单位：个

温泉酒店	足球场	篮球场	运动馆	网球场	健身房	游泳池	夜总会
地铁培训中心	—	2	1	2	—	—	—
碧水湾	1	4	1	4	1	3	1
英豪宾馆	1大1小	8	1	2	1	2	1
文轩苑	1小	2	1	2	1	2	1
凤凰山庄	—	2	1	2	1	2	1
新温泉度假山庄	—	—	—	—	—	—	1（在建）
合计	4	18	5	12	4	9	5

资料来源：《2004年广州从化温泉养生谷总体规划》。

三 从化新温泉旅游地开发现状

（一）旅游业呈上升态势

目前从化新温泉旅游地开发还处于旅游起步阶段，游客流量较少。2000年总接待量约为4万人次，到2001年约为6万人次，2002年则达到10万人次，2003年虽然受到"非典"影响，接待量仍然达到22万人次。从接待人次上看，从化温泉旅游业呈上升态势。

（二）旅游联动效应不明显

温泉旅游地内除了温泉接待单位之外，只有若干由当地居民开办的小型商店和餐馆，主要出售土特产、烟酒副食、日用品、泳衣等商品。这是由于温泉旅游地开发过程中缺少统一的规划和管理，温泉旅游地各企业间难以形成优势互补。温泉旅游地各家企业一味围绕温泉做文章，造成温泉水使用紧张的局面，同时各企业在经营项目上的重合容易加剧竞争。

（三）有限共享模式促进了温泉水资源的高效利用

从化新温泉旅游地所采取的温泉管理模式是由政府进行温泉水的

129

统一调配，此种温泉水的开采方式能够实现温泉水的高效利用。政府控制温泉水开采的强度与水量，根据现有客源的特点进行淡旺季调配。淡季时放松温泉水的开采限制，旺季时控制温泉水的开采，但是开采总量都不超过每天4500吨。依靠温泉企业对企业产品的营销和推广调节淡旺季，这样使得温泉水得以高效利用。

该种开发模式在一定程度上促成了目的地空间温泉旅游企业的集聚。一方面，同行业的空间集聚有利于旅游者通过对比旅游地不同企业的服务质量和产品质量进行选择；另一方面，同行业的空间集聚容易引起目的地空间企业之间的恶性竞争。根据问卷调查①，72%的被调查者认为，温泉产品相差不大。这就形成了在目的地空间的企业竞争。

四 从化新温泉旅游地开发特征分析

(一) 以现代温泉酒店为主

新温泉旅游地是老温泉旅游地的业态的空间延展，但是新温泉旅游地多数资源是在从化老温泉旅游地资源遭到破坏之后才被开发的。因此，从化新温泉旅游地的温泉酒店多为现代温泉宾馆，虽然有的单位仍然以"××培训中心"命名，其经营已经不具有原来招待所式的内部接待性质。此外，以碧水湾为代表的现代温泉度假酒店也颇能提升从化新温泉旅游地的现代温泉旅游地形象。

(二) 温泉度假区管委会为资源委托管理机构

从化老温泉旅游地温泉水资源管理混乱，最终导致温泉水面临枯竭的风险。从化新温泉旅游地的开发注重对温泉资源托管机构的建设。温泉水资源由温泉度假区管委会进行统一调配。这一举措不仅能够使温泉水资源得到有效利用，而且通过对温泉水资源的经营管理，温泉度

---

① 数据来源：《2004年广州从化温泉养生谷总体规划》。

假区管委会还能获取一定的经济收益，从而达到资源资产运营的目的。强化资源价值意识，建立较为强势的资源委托管理机构从而确保温泉度假区管委会对温泉水资源的管理强势有效。

（三）较为成功管理温泉水资源

通过温泉度假区管委会这一温泉水资源托管机构对温泉水进行统一调配管理，从化新温泉旅游地成功控制了水资源的使用，并引进几家知名度较高的温泉度假酒店，形成了从化新温泉旅游地的基本空间布局框架。但是，政府还应该对从化新温泉旅游地尚存的历史遗留问题给予足够重视，尽早解决温泉水私自开采利用的问题，以便掌握从化新温泉旅游地温泉水确切的资源储量信息，并对从化新温泉旅游地温泉水的配给做出更有效的管理。

第三节　资源无限共享型与资源有限共享型开发评价

一　资源无限共享型温泉旅游地开发评价

这一管理类型出现在我国的特定历史发展阶段。由于对温泉资源价值没有充分认识，因此产生了对温泉资源的穷竭式开采。在这一开发模式中温泉资源的主要使用方为国家机关以及事业团体疗养院，国家对资源的使用实行配给制度。由于管理体制的混乱以及政出多头，很难对资源实行有效的管理。

温泉企业在旅游地空间的大量集聚形成了旅游地的城市化，在一定时期内促进了当地经济发展，但由于以老式温泉企业为主，各温泉企业在产品开发上雷同，实现企业转型较为困难。资源的无限制开发是典型的"公地悲剧"现象，不注重资源的价值以及对温泉资源进行无节制开发会造成资源的破坏。

二　资源有限共享型温泉旅游地开发评价

受从化老温泉旅游地的无节制温泉开发的影响,当地政府开始认识到温泉资源的价值,通过政府委托资源管理机构对温泉水资源进行统一管理、按需配给,这样有效保护了温泉矿产资源。

由于多家企业共同享有温泉资源,在开发的过程中通过温泉水淡旺季配给制度的调节,有利于温泉水的高效利用。对温泉水的共享使用使得目的地空间企业产生一定程度的集聚。受温泉水资源的限制,企业在开发上容易形成规模小、产品雷同的结果,进而限制企业发展。并且温泉企业小、数量少及产品雷同也不利于产生集聚效益。

对温泉资源进行管理机构的托管,根据"公地悲剧"强权政府的解决方案,其前提是要保证托管机构有足够强大的权力,这样才能避免资源开发中"公地悲剧"的发生。但是事实上,从化新温泉旅游地的资源托管机构只是一个温泉度假区管委会,无论从行政级别还是管理权限上来说都很难阻止"公地悲剧"的发生。由于温泉度假区管委会的管理权限不够大,现在度假区内仍存在私自打井开采、滥用温泉水资源的现象。

三　警示：温泉资源的科学开发与管理

综上所述,无论是资源无限共享型还是资源有限共享型都是温泉旅游地在发展过程中的产物。当地政府受限于对资源特性以及对资源管理科学性的理解,出于发展地方经济的目的对温泉旅游地采取不同的开发和管理方式。对温泉的旅游开发只是温泉资源利用模式中的一种,但相对于其他开发方式,旅游具有明显的产业管理性与地方经济带动作用,尤其是在可以成片区规模性开发的前提下,其带动效应尤为明显。从化由于有丰富的温泉资源以及地方政府的支持,已经发展成了温泉旅游镇,具有明显的地方经济带动效应,当地社区在开发温泉旅游地的过程中受益。但是，对温泉资源进行枯竭性开发的案例也给地方管理者一定的警示——需要在尊重资源本身属性的前提下进行科学有效的开发与管理。

对比国内其他温泉旅游资源大省如辽宁、福建、海南、云南等省份的开发经验，温泉旅游资源本身的规模与属性（例如温泉水矿物质的医疗价值、温泉的开发难易程度、温泉水资源的储存数量）会影响温泉旅游资源的开发性质与开发规模。少数温泉水含有惰性气体或者辐射性物质，需要在专业人士的指导下对其进行开发。就温泉资源本身的旅游开发难度而言，少数地区会有温泉资源的天然露头，温泉含水层较浅，开发难度相对较低，如我国的福建、台湾等地都是类似情况。温泉资源的储存量也会影响温泉旅游资源的开发模式。虽然从化温泉旅游地含水层较浅，开发难度较低，有温泉水的天然露头，但是温泉水的储存量较小，难以进行成片区成规模的温泉旅游开发，最后只能形成单个温泉企业零星开发的模式。

受限于温泉资源本身的性质，地方政府与社会资本在进行温泉旅游地开发的过程中衍生出不同的资源管理模式与不同的资源开发模式。地方政府在进行温泉资源的管理与利用的过程中需要根据地方温泉水资源的特性制定合理的招商与规划方案，确定温泉旅游地的开发方向，合理配置资源，这样才能使温泉资源得到有效利用。若所在区域温泉水储量较小，开发难度大，并且距离客源市场较远，游客难以到达，则应该对温泉旅游地进行小规模精品开发，不适合进行大规模投入以及开展大规模温泉消耗性的游乐型旅游地开发，否则会导致温泉旅游地资源过度开采，并且在客观上不具有可持续性，对周边社区也不具有规模性的带动作用，最终导致旅游地的衰落。如果所在区域温泉储量大，易开发，客源市场具有通达性，则适宜进行规模性开发，使温泉旅游成为地方旅游产业的龙头，甚至对地方经济产生巨大带动作用。

当地社区是温泉旅游地开发不可或缺的一部分。自从对温泉资源实行市场化开发以来，当地社区居民与温泉的联系被削弱了。企业凭借支付资源使用费垄断温泉资源，而当地社区居民只能通过支付费用享有温泉的使用，这一开发模式将当地社区居民排除在温泉旅游地的开发之外，往往容易引发当地居民与开发者和管理者之间的冲突。政府和开发商必须尊重当地社区居民在长久的历史发展中与温泉所产生的文化关联，李鹏、保继刚（2014）提出了旅游物权的概念，旨在解决这一问题。因此必须提出一种能够让当地居民参与温泉旅游开发并且能够传承当地社区居民温泉文化的模式。

第六章

日本温泉旅游地开发

同样地处东亚的日本也是一个地热资源丰富的国家，并且由于温泉在社会文化环境中的遍在性，温泉成为日本民族文化的一个符号。在长久的温泉文化发展过程中，日本结合自身社会特征，同时借鉴了德国等国家对温泉社会保障与疗养功能的开发，形成了具有自身特色的温泉社会保障体系与温泉社会休闲文化。我国在进行温泉旅游地建设的过程中可以进行学习与借鉴。

日本是多火山和地震的国家，素称"火山之国"。据统计，日本全国约有大小火山270座，占世界火山总数的十分之一，位于地球表面最大的火山带——环太平洋火山带上。从地理分布特征来看，火山广布日本全国但又相对集中，呈现出明显的地带性。在日本火山群中，约有80座是活火山，几乎占全国火山总数的30%。其中三分之二以上较为活跃或相当活跃，有不同程度的危险性。但是，对于日本人来说，火山虽然可能带来自然灾害，但是同时也是观光资源，因为火山是温泉形成的主要原因，温泉则是火山献给日本人最好的礼物。火山让日本赢得了"温泉之国"的美誉。

第一节　日本温泉发展历史阶段

1. 史前时期

在史前时期，温泉主要用于沐浴。受当时的自然环境与生活条件所限，泡温泉一直是人们劳作归来用于消除疲劳及相互交流的朴素生活方式之一。在许多神话故事中也出现了泡汤的情节。有据可查的日本人泡汤历史可以追溯到绳文时代，从长野县出土的遗迹可以证明古代人与温泉的关系，从发掘的器物来看，石器时代的人们已经开始使用温泉。

2. 奈良时代（710~794 年）和平安时代（794~1192 年）

温泉洗浴成为佛教活动，浴场主要集中在寺院中，僧侣对温泉开发起到了很大的促进作用。现存的有关温泉的文献记载始于公元 8 世纪的奈良时代，当时编纂的《古事记》《日本书纪》以及各地的《风土记》中都有关于温泉的记载，由于温泉可以疗伤和治疗疾病，被认为是神灵的恩惠，仅限于贵族和特权阶层享用。1603 年后，江户幕府允许平民出入温泉地，这才逐渐让享受温泉变成一项平民的娱乐活动。农民和平民一年当中会有 1~2 次的机会向幕府提交自己的温泉治疗申请书，去温泉地做保养。在公共浴池的周围会设有供病人和客人自己动手做饭和留宿的旅馆，民间的浴场慢慢地成为一种具有旅游性质的场所。

3. 江户时代（1603~1868 年）

江户时代政府实行文治改革提高国民文化教育水平。大众的求知欲空前高涨，庶民文化迅速获得了普及，也产生了享乐生活和肯定现世的社会思潮。在这一时期，普通民众可以自由享用原来只有贵族和特权阶层才能享受的汤治（温泉理疗）。另外，本草学的研究受到重视并取得了显著成果，其中香川修德的《一本堂药选》结合实践与理论研究详细介绍了温泉对各种慢性病的功效。同时，参勤交替制度的实施促进了道路和驿站的修建，提高了人们到温泉的便利性。由此可见，政治、经济、文化、医学诸方面因素为汤治的庶民化提供了必要的条件。江户晚期流行的以寺社参拜为由的温泉旅行受到政策规制、经济和交通等条件的限制，难以迅速普及。在江户时代医学还不是十分发达，温泉的医疗效果备受重视，从而得到了很大程度的开发。汤治这一习俗开始在民间流传，都市中的公共浴室数量骤增，实行男女同浴。

4. 明治时代（1868～1911年）

1868年开始的明治维新推行"文明开化运动"，大力引进和介绍西方先进技术和资本主义经济制度，使日本迅速完成了产业革命，走上了近代化的道路。铁路交通网的建设方便了人们的出行，加之政府取消了江户时代的出游限制，旅行逐渐普遍化，温泉成为人们的首选地。同时期，来日本休闲度假的欧洲人的旅行方式对传统的温泉开发也产生了影响。在医学方面，西医的引进使温泉医学得到进一步发展。德国医生贝尔兹对日本各地有名的温泉进行调查之后发表了题为《日本矿泉论》的论文。明治政府以此为基础对日本各地温泉资源做了系统调查，1886年出版了《日本矿泉志》，书中对各种泉质的温泉成分和功效进行了详细分析和说明。虽然其中的医学术语和数据分析很多人并不完全理解，但是以客观数据为基础的分析在当时被认为是科学的，因此有关温泉各种保健功效的介绍引起了人们对健康和温泉的关注，这个时期的温泉开发由传统的汤治向保养以及观光过渡。明治后期的温泉设施开始重视方便性、舒适性、娱乐性，这个时期是温泉地从汤治场转向度假旅行地的过渡期。在大正时代（1912～1926年）、昭和初期（1926～1937年）这一转变更加明显。

5. 温泉发展阶段（1950～1970年）

随着经济的快速发展，交通手段实现了多样化、舒适化和快捷化，新干线和城际快速列车的开通以及机场和高速公路网的建设，大大方便了日本民众的出行。政府的国民收入倍增计划如期实现，企业的经济效益、国民的收入和生活水平都大幅度提高，团体旅行非常盛行，这使得兼具保养和旅游观光性质的温泉旅行就成为首选。这种温泉旅行多为两三日，成员基本上都是热爱娱乐的男性。这样的团体客人并不全是为了汤治或健康保养而来，他们更关心配套的娱乐设施。追求设施的现代和豪华倾向反映出这个时期的温泉旅行不仅具有娱乐色彩，更具有享乐色彩，温泉被称为"欢乐温泉"，日语"欢乐"一词多指集体的快乐或享乐。

6. 现代温泉发展阶段（1980年至今）

进入20世纪80年代，随着经济增速的降低，日本国民开始注重日常生活和闲暇，政府开始增加法定休息日。这些因素对旅行的形态产生了影响，即由固定模式向重视个性的模式转变、由团体旅行向个人或家庭旅行转变。同时期出台的《男女雇用机会均等法》等一系列法律法规给女性提供了相对宽松的工作环境，由女性主导的散客旅行开始受到瞩目。20世纪80年代中期，由女性尤其是年轻女性为主掀起了隐秘安静的温泉旅游风潮。20世纪90年代，随着科技现代化回归传统的呼声日益高涨，自然环境、温泉质量作为温泉魅力的要素受到重视。

第二节　日本温泉旅游产品

1. 温泉旅游是日本人的一项基本休闲娱乐方式

日本有2600多座温泉，有7.5万家温泉旅馆。每年日本约有1.1亿人次使用温泉，这接近日本的总人口数。日本的温泉不仅数量大、种类多，而且质量很高。对日本人来说，泡温泉是一种享受，更是生活中必不可少的一部分。

2. 温泉泡浴沐浴成为社会交往方式

按照日本心理学者的解释，"人类生来便有回归母亲胎内的愿望，泡在浴缸就像浸泡在母腹羊水中似的，有一种安全感和安心感，因此泡澡后有从疲劳中解放出来的感觉，觉得很快乐"（掌月，2012）。与欧美人的群体性、感官性、狂欢式"快乐"不同，日本人的"快乐"表现出个体性、内向性、内省性、追求精神上的"极乐净土"。温泉泡浴沐浴这种社会交往方式不带任何社会背景、等级差别、地位歧视，完全是"个人"与"个人"的交往，在日本被誉为"无遮无掩的交往"。

3. 温泉体验作为文化的仪式化

日本人把温泉体验视为一种文化，将其形式化、符号化、仪式化。通过强调细节与流程的精细管理提升温泉旅游产品品质。温泉体验作为一种文化是日本温泉酒店在几百年的发展历史中缓慢积累、沉淀，并最终形成的一种礼仪文明。客人在进入温泉之前，需要将随身携带的贵重物品存放到客房的保险箱内或温泉酒店前台的柜台里。然后，身穿日式浴衣和木屐拖鞋，带着保险箱或柜台的钥匙前往温泉浴场。通常情况下，浴场分为"男汤"和"女汤"这两个场所，也有浴场是男女混浴。这一系列流程将温泉体验进行提升，给了游客不一样的体验。

日本的温泉酒店没有豪华的装潢与奢华的装饰，但是注重细节的精细化处理，处处体现着以人为本的人文关怀，日本浴场的瓷砖和浴室里的硅胶都安装得非常整齐，简洁而美观。日本的温泉酒店不追求豪华的视觉享受，注重的是整体性感觉和便利性，在细节上给人以神圣感。

第三节　日本温泉资源管理

一　日本温泉资源管理的内容

为了保护资源，日本将温泉地划分为特别保护地域、保护地域和一般地域三种类型，在特别保护地域内禁止提水和挖掘新温泉井。日本禁止在已有的温泉井周边 100～150 米范围之内挖掘新的温泉井。韩国也有类似的做法，其规定了在已有温泉井周围 300 米范围内禁止挖掘新的温泉井，日出水量少于 150 吨的温泉井不得用作旅游开发。

为了防止温泉开采带来负面影响，日本《温泉法》还规定了恢复义务，这种利益与责任捆绑的做法值得借鉴。从 1965 年至今，日本每年允许的新增温泉浴室是 1300~2500 间，允许新挖掘的温泉井是 400~500 眼。由于深挖掘和强动力的使用，温泉水汲取量很大，每口井的挖掘都伴随着建设 4~5 间浴室。

日本在温泉资源使用过程中，对高温温泉水使用进行严格管理，防止温泉资源的滥用。对温泉游泳池和戏水项目等大型用水设施都安装回水净化处理再使用系统。对于温泉在使用过程中的管理，在《温泉法》中也有明确的规定，日本温泉管理的咨询及公证机构为温泉审议会。《温泉法》规定，温泉的使用必须从公共卫生及保护温泉资源角度出发，温泉管理机构必要时可限制以及取消开采者或设施管理者的使用权利。另外，温泉经营者有义务向温泉管理机构提交关于温泉涌出量、温度、成分及利用状况的说明。

随着温泉开采量的大幅度提高，单纯依照《温泉法》的有关内容已经不能解决新出现的问题，进入 21 世纪 70 年代，各都道府县开始制定自己的温泉开发管理指导纲要。

如宫城县 1975 年开始实施《温泉保护对策纲要》，其中包括三项内容。

（1）指定"温泉保护区域"与"温泉准保护区域"。指定了 12 个"温泉保护区域"和 12 个"温泉准保护区域"。

（2）指定标准。①"温泉保护区域"标准如下：温泉分布密度很大的地区；过去和现在都发现了各源泉间有明显关联性的地区；过去数年间，水位、水温、出水量明显下降，或水质明显发生变化。②"温泉准保护区域"标准如下：与"温泉保护区域"邻接地区；估计源泉间有相互影响的地区；源泉密度比较大、源泉间应该保持适当距离的地区。

（3）对指定地区设置规矩。①"温泉保护区域"要统一整合温泉资源，实行温泉水集中管理，原则上不允许新挖掘温泉井和进行可能对已有温泉井产生危害的扩建挖掘。②在"温泉准保护区域"里，在确认不对附近温泉产生影响的前提下，可以新挖掘和扩建挖掘温泉井。

在日本经济高速发展时期，由于游客量增多，在日本各地发生了各种关于温泉安全的问题。因此，日本政府不断对《温泉法》进行修订，使之更为完善。在 2005 年 5 月对《温泉法》进行修订，修订内容主要包括以下四点。①如果商家往温泉浴池里加水的话，应该注明要点及理由。②如果温泉水需要加温的话，应该注明要点及理由。③如果温泉水需要循环过滤再使用的话，应该注明要点及理由。④如果往温泉浴池里放沐浴剂（为提高沐浴的效果）或者消毒液的话，需要注明该沐浴剂的名称、消毒方法及理由。此外，2007 年日本政府对《温泉法》进行了修订，从 2007 年 10 月份开始，每十年进行一次温泉成分分析，而且必须注明分析结果的内容。2014 年 7 月日本政府对《温泉法》进行修订，对原有温泉设施标明的注意内容加以更改，更改的内容包括两方面。①关于禁忌症和适应症的记载内容：在禁忌症这一项内，不再包含"妊娠"。②有关饮用的方法和需要注意项目的更正等。

二 日本温泉管理的特点

1. 法制化

日本政府于 1948 年制定了《公众浴场法》和《公众浴场管理纲要》。在《公众浴场法》的第一条中有这样的表述：法律上的"公共场池"是指提供公众沐浴的设施。《公众浴场管理纲要》第一条指出，为加强和改善员工的健康管理及沐浴者的卫生情况，需要对公众浴场的设施和水质卫生进行管理，力求确保公众浴场的卫生。《公众浴场管理纲要》明确了浴场内各方应承担的责任。

1948 年 7 月 10 日日本颁布《温泉法》，之后不断进行修订，其目的就是保护现有温泉、合理利用土地和维护公众合法权益。而且《温泉法》对温泉的保护利用与开发挖掘都有明确的规定。与《温泉法》相配套，日本又于 1951 年出台了《矿泉分析法指南》。

2. 医养结合

明治初年受聘于东京大学的德国人伯尔兹医学博士在草津田写下了著名的《草津温泉记录》，对泉质的理化性质、医疗效果进行了研究和分析，并提出了开发草津温泉的计划，同时对流传于日本民间的"汤治"（日语中"汤"为热水、热泉水之意）进行了总结，从此日本的温泉医学研究进入了一个新的发展阶段。

在 20 世纪 20 年代至 50 年代由于药品缺乏，结核病、皮肤病、风湿病患者主要利用温泉治病和疗养，形成了独特的温泉疗法。在日本许多温泉医院和疗养所应运而生。进入 20 世纪 60 年代，日本经济高速增长，各种新药逐渐问世，温泉疗法逐渐转为临床辅助疗法。近 10 年来，由于康复医学的发展，温泉疗法和温泉水中运动疗法在康复医学中的应用被日益重视。

近年来日本出版的温泉医学专著有《温泉医学教育研修讲义录》《温泉疗养的指针》《皮肤病的温泉·水治疗法》等。日本的温泉医学经过长期的发展，目前已居世界领先地位。人工温泉的研制和利用在日本已成一种热潮。所谓人工温泉就是利用各种化学、物理的方法按照天然温泉的成分进行人工合成，制成各种人工温泉入浴剂，作为外用药品投放市场。

3. 温泉社会团体的成立

日本的观光协会以各个地区观光事业的繁荣发展为宗旨，通过举办一系列的活动来实现这一目的，它属于财团法人和社团法人。观光协会负责介绍温泉旅游地及附近一带的观光地区，通过举办以下活动引起游客们的关注，分别是：设计和贩卖旅游商品、举办观光活动和会展、制定宣传资料和手册。观光协会也要负责温泉水卫生情况方面的管理。此外，对于日本的温泉认证制度，除了环境省和厚生劳动省认证的制度之外，民间组织也需要对温泉进行认证。比较著名的民间组织就是健康旅游推进机构、日本温泉协会以及健康和温泉讨论会。温泉社会团体在日本温泉旅游发展与推广中作用突出。

第四节　日本温泉旅游地发展策略

一　设立国民保养温泉地

1954 年，管理温泉疗养的温泉行政部（现由环境省管辖）开始指定国民保养温泉地，并指定第一批四个温泉地为国民保养温泉地。1952 年，劳动省通知各都道府县知事选择温泉地要符合以下六个标准：①温泉环境卫生条件优良；②温泉地附近一带环境优良；③从温泉气候学来看，该地适合休养；④该温泉地拥有完善的医疗设施及休养设施或者将来会具备该设施；⑤交通较为便利或者将来有发展为交通便利的可能性；⑥该温泉地具有预防灾害发生的机制。

温泉地常有驻地医生，并将温泉旅游纳入国民医疗保障的范畴。与温泉的保健功能相比，旅游功能的开发晚，是在医疗保健基础上进一步发展而来的。因此，温泉的保健功能是温泉旅游的基础和重要特色所在。

现在日本已有 162 个温泉地被日本政府指定为专门的国民保养温泉地。日本国民保养温泉地的这种分类系统体现了一种综合的思维方式，即就国民保养温泉地发展来说，不仅要关注温泉本身，而且要关注国民保养温泉地周边的自然环境及人文资源。这些资源都会对温泉保养效果产生影响，例如温泉的物理疗法可以和国民保养温泉地当地药材资源的草药药物理疗结合起来，这既可以增加温泉理疗的效果，又可以通过温泉保养促进当地自然环境资源的综合利用。

在日本，随着人口老龄化的加剧，人们对温泉保健功能的需求也在逐渐增加，因此 1981 年日本政府又开始明文指定国民保健温泉地。

二 原生态温泉地的发展

随着城市化的发展，人们寻求与大自然的接触逐渐增多，而渴求安逸时光的呼声也随之高涨，因此日本政府在 1993 年开始注重原生态温泉地的发展。温泉学者山村顺次（1996）阐述了国民保养温泉地存在的问题：①不仅是温泉游客，而且很多本地人也不知道国民保养温泉地的存在；②把温泉资源较少的温泉地指定为国民保养温泉地；③许多国民保养温泉地没有医生顾问；④允许逗留的时间较短；⑤针对温泉设施的日常使用，需要对游客增收一定的维修费用；⑥原有的标准比较模糊，应该采用新规定，制定新的标准。

三 国民保养温泉地的可持续发展

学者韩国圣等（2015）提出了温泉保养地所应具备的条件：加强对温泉水质、水量的监测与保护；所有的温泉利用行为对环境的负面影响都必须减至最小；必须对自然能源的再生与活用有所作为；妥善处理废热水的排放；对于废弃物应有环保的处理。从第二次世界大战以来，国民保养温泉地所应具备的条件已更臻完备。目标的设定也不再只是注重个体层面的休养、疗养和保养等功能目标，而是已提升至人对环境的关怀以及追求环境保护与国民保养温泉地的永续发展。由于温泉资源属于消耗性高的资源，国民保养温泉地用水量大，用水时间长，为了确保其实现可持续发展，需要特别关注温泉水的检测、循环利用。

第五节　日本温泉旅游地开发模式经验总结

温泉旅游地是日本最为重要的一种旅游地类型，温泉旅游资源在日本具有遍在性的特征，因此，温泉在日本国民生活中扮演着重要的社会文化角色，并成为日本民族文化性格的重要组成部分。

对于日本国民来说，温泉不仅是旅游产品，还是生活本身。温泉表现在旅游产品上，具有层次丰富、产品多样的特征。作为一种国民文化的象征，温泉旅游体验可以呈现仪式化的特征，并且与当地文化紧密结合，成为文化的重要表达形式。日本温泉旅游也存在一般的大众温泉旅游，这种温泉旅游体验更像是一种社交与生活方式。日本的温泉不仅仅是一种旅游产品，还与社会医疗保障体系紧密结合在一起，使温泉资源的利用达到了最大化，也丰富了温泉的产品体系。

温泉管理较早地进入了日本法制体系，并且随着时代的发展不断更新。从国家层面将温泉资源管理通过立法的形式确定下来有助于解决温泉资源在开发过程中的种种问题，并保障温泉开发活动的顺利开展。当然，各地方也在温泉管理法制化的过程中进行了因地制宜的尝试，值得中国借鉴。

日本温泉旅游地的发展在早期就关注了温泉在医疗方面的作用，并且通过法律手段、社会组织监督管理以及与社会保障体制相结合确保了温泉资源的有效利用。此外，日本也注重温泉旅游资源的市场化开发，满足了不同层次旅游市场的需求。

第七章

构建高效的温泉旅游地开发模式

在资源独享型温泉旅游地开发模式探讨与归纳的基础上，对资源无限共享型温泉旅游地开发模式与资源有限共享型温泉旅游地开发模式进行对比分析，进而立足中国现实，借鉴西方公共资源管理经验，克服东西方差异带来的局限性，构建新的温泉旅游地开发模式，意义重大。

第一节　不同类型温泉旅游地开发模式对比

对矿产资源进行资产化管理是我国现阶段较为明确的自然资源管理方法。改革开放之前，从化老温泉旅游地开发模式集中体现了在资源价值得不到重视的社会经济背景下，温泉矿产资源超量开采对生态环境的破坏。而资源独享型温泉旅游地开发模式则是在资源无限共享型温泉旅游地开发模式失败后，关于温泉资源管理的另一个极端模式。由于单个温泉企业掌控采矿权，温泉水的使用大大超出了限制用量，造成国有资产存在流失风险与环境破坏。进入 20 世纪 90 年代，资源价值理论逐渐为我国所接受，对资源进行资产化管理成为资源管理的趋势。在这个时代背景下，我国的温泉矿产资源管理也逐渐走向了资产化管理的道路，资源有限共享型温泉旅游地开发模式开始为资源管理者所认同，并由专门的资源委托经营管理机构进行资源的统一调配，最大限度提高温泉资源的使用效率。

以上三种温泉资源的管理模式是我国目前较为广泛采用的温泉旅游地开发模式，分别是立足于不同资源管理理论的公共资源管理实践，在实际的管理过程中分别表现出不同的特点。

一　资源资产价值观成熟度不同

20 世纪 90 年代末，资源资产化管理才在我国流行起来，并被贯彻到我国资源管理体系中。虽然我国《矿产资源法》规定对零星矿产资源可以进行商业私有化管理，但是没有具体说明管理的办法。在不同阶段，管理者基于对温泉资源资产价值的认识，采取的方法也各不相同。

资源独享型温泉旅游地开发模式忽视了对资源资产价值的管理。对资源资产进行管理，要防止开发中资源的浪费以及闲置，避免国有资源资产的流失。由于温泉矿产资源为单个企业所占有，在开发中单个温泉开发商占有丰富的温泉旅游资源，因此温泉的储水量往往会超过开发商实际需求量，造成资源的浪费。此外，当温泉储水量小，不足以满足开发商的使用需求时，开发商往往采取超量开采温泉水的办法维持经营，这样也会造成负外部效应，造成国有资产存在流失风险。

资源有限共享型温泉旅游地开发模式是一种较为成熟的开发模式，它充分体现了对国有资源资产的合理维护与经营，以资源的常量开采为底线，根据温泉的承载力进行招商引资，确定可进入温泉旅游地企业的数量与规模，对温泉资源进行按需配给管理，高效利用温泉资源。资源有限共享型温泉旅游地开发要求当地社会经济实力较为雄厚，温泉水储量较大，适宜进行温泉旅游地关联产业集聚发展。

资源无限共享型温泉旅游地开发模式在过去较为普遍存在，资源价值不受重视，国家对温泉资源采取计划配置的方式，资源被无偿使用。

二 产权管理模式不同

在本书中，产权管理模式是温泉矿产资源管理模式在实践中的体现。在温泉旅游资源的开发过程中要实现对温泉资源的资产化管理、明确产权、实现所有权与使用权的分离，产权分离方式以及具体操作方法是区分不同类型温泉旅游地开发模式的关键。

资源独享型温泉旅游地开发模式是温泉旅游企业直接享有采矿权。温泉矿产资源所有权归国家所有，企业通过勘探或者当地政府的出售转让，享有温泉的采矿权即使用权。企业在一定范围内享有温泉资源的完全使用权利，有关管理部门对温泉资源的勘探和管理进行监督。

资源独享型温泉旅游地开发模式是在采矿权市场化的管理模式下，私有化经营的一种形式，其理论根据是针对"公地悲剧"的私有化理论提出的解决方法。虽然此种资源管理模式在形式上采取了私有化的解决方法，并且私有化的最终结果是单个企业实体享有大量的公共资源，其效率与有效性都存在一定的问题，但是该种模式仍有发展空间。

资源有限共享型温泉旅游地开发模式设有一个专门的资源委托管理机构进行资源的运营管理，这是对资源资产进行管理较为合理的模式。这种资源管理模式集中体现了资源资产经营管理的收益目标，便于资源管理部门较为直接地掌握温泉水资源的使用状况，进行收益管理。此种资源管理模式要求有一个权力强大的管理机构对温泉旅游资源开发实行严格监督管理，但是在温泉旅游地开发的产业实践中，当地政府存在着部门协调能力欠缺的情况，该委托管理机构往往有名无实，难以实现对温泉矿产资源的有效监管。

在资源无限共享型温泉旅游地开发模式下，资源的所有权归国家所有，温泉休疗养单位行使使用权，资源使用无监督无节制，容易造成"公地悲剧"。

三 温泉旅游地开发过程不同

温泉旅游地开发过程涉及政府介入与态度、投资主体的发展定位、温泉旅游产品的开发以及市场营销等内容。

在资源独享型温泉旅游地开发过程中，当地政府亟须引进投资促进地方经济发展，因此对温泉旅游企业持欢迎态度。在温泉旅游地开发过程中，政府还通过各种方式提高温泉旅游地的知名度，打造温泉旅游目的地形象，并研究和制定各种税收与投资优惠政策促进温泉旅游地的发展。为了促进温泉旅游地的开发，当地政府还积极进行基础设施建设，提高温泉旅游地的可进入性，为温泉旅游者提供消费便利。而在对温泉水资源的开采利用中，温泉旅游企业普遍存温泉水超量开采行为，当地政府没有进行有效制裁和监督。

在资源独享型温泉旅游地开发模式下，由于单个企业掌握温泉水的使用权，在生产与运营上具有较高的行动统一性，因此企业可以较高效地利用温泉水资源，减少运作成本，具有较高积极性，进而在一定程度上有助于温泉旅游地开发。但是，不可忽视的是该模式的负面影响。在资源独享型温泉旅游地开发模式下，泉水资源储量一般会超过企业生产需要总量，供需的严重失衡导致温泉旅游企业对温泉水的利用与开发较为粗放，温泉利用效率低；在温泉水储量相对较少的温泉旅游地，由于政府监管缺位，温泉水超量开采现象普遍存在，并且会影响当地生态环境质量。

在资源独享型温泉旅游地只有单个温泉企业进行温泉投资，单个企业的投资数额相对较小，难以在短时间内形成比较完备的温泉旅游产品体系。表现在温泉旅游产品设计上，现有温泉旅游地多数只有温泉露天洗浴与温泉别墅，不但景区配套娱乐设施少，而且与周边景点景区的联动性较差，温泉旅游市场暂时停留在观光温泉旅游产品消费阶段，温泉洗浴产品仍然是温泉旅游地的核心旅游产品。大部分温泉旅游者对温泉旅游地的发展与建设提出了较高的要求，需要温泉旅游开发商进行温泉旅游产品的深层次开发。

资源有限共享型温泉旅游地在开发过程中采取由多家企业共同开发的方式，资源有限共享型温泉旅游地政府对温泉旅游地基础设施的投资意愿相对于资源独享型温泉旅游地政府较低。资源有限共享型温泉旅游地政府负责对温泉资源进行统一的规划与管理，在开发过程中对资源的限制开采往往会造成委托管理机构与企业的矛盾。在温泉旅游地开发过程中，资源有限共享型温泉旅游地开发模式主要依托温泉水资源委托管理机构强有力的执行力。此外，管理体制的不完善以及对温泉水使用权利分配的不合理也会造成温泉水资源的浪费或者超量开采，进而可能造成国有资产的流失。

资源有限共享型温泉旅游地开发模式的特征有以下几点。第一，温泉旅游市场具有淡旺季明显的特征，在温泉资源的有限共享使用条件下，多家企业同时面对客源市场旺季，温泉企业便存在超量开采的可能。如果主管机构监管有效，则会促进企业调动内部积极性，开发新产品，调节温泉旅游的淡旺季，从而做到高效利用温泉资源。第二，在该种温泉旅游地开发模式下，由于温泉旅游地的温泉旅游酒店数目多，距离近，温泉水资源相似，现有开发产品雷同，因此可能会产生企业间恶性竞争，温泉旅游酒店互相压价，造成温泉经营的低效率。但是从另外一方面讲，温泉旅游企业在目的地空间的集聚使温泉旅游酒店之间的游憩设施或者旅游服务设施可以共享，给温泉旅游者更多选择，便于丰富温泉旅游产品体系，延长温泉旅游者的逗留时间。第三，由于多家企业共享温泉资源，因此单个企业的温泉资源分配量有限，企业的规模不会太大，进而对温泉旅游项目的开发造成限制，较难实现温泉经营模式的突破。

在资源无限共享型温泉旅游地开发过程中，温泉资源管理实行国家配给制度，温泉资源被无偿使用，许多单位在温泉旅游地建设了接待机构，温泉产业主要业态为休养疗养院，吸引对象是国家机关与事业单位的公伤人员或者退休人员。由于行政上的原因，当地政府对此类行为缺乏有效监管。

四　温泉旅游地对周边经济的影响不同

一般来说，旅游业被认为是具有相对较高产业关联性的产业，很多经济欠发达地区发展旅游业的主要目的之一就是带动当地经济的发展，促进就业率的提高。不同类型的温泉旅游地开发模式对周边经济的带动与影响成为判断温泉旅游地开发模式合适与否的一个重要标准。

资源独享型温泉旅游地开发模式对周边经济的带动性较差。其一，从规模上来讲，温泉资源为单个企业独享导致一般只有一家大型温泉旅游企业在旅游目的地空间，其他大型企业难以进入该温泉旅游地，温泉企业提供了较少的直接就业机会。其二，根据我国现有温泉旅游市场的消费特征，温泉旅游度假村内的设施已经满足了温泉旅游者的主要消费需求，旅游者较少与周边景点景区发生联系，温泉旅游度假村与周边游乐设施及景点等关联性也不高，对相关产业的带动性也不强。

资源独享型温泉旅游地对当地社区居民劳动力的吸纳具有积极带动性。案例地的当地社区居民由于文化素质相对较低，所以进入温泉企业后主要从事清洁、园艺等简单体力劳动，并且由于淡旺季的存在，当地居民在温泉旅游企业的就业具有不稳定性。温泉旅游地周边分布的主要为小型家庭作坊式企业，主要集中在沿交通轴线空间。小型旅游企业多具有"多维经营"的特点，除服务旅游者外，还服务当地居民，具有经营上的相对稳定性。

资源独享型温泉旅游地的开发注重当地居民享受温泉的权益，除保障当地居民使用温泉水之外，还每年给当地居民一定的经济补偿，促进了当地旅游社区对企业的认同，实现了旅游地社区的可持续发展。

资源有限共享型温泉旅游地的开发较容易形成温泉相关产业空间集聚。从规模上来讲，温泉开发企业规模相对较小、数量多、类型多，对旅游地社区的直接就业带动效果明显。由于有管理机构代表国家行使管理权对温泉资源进行统一管理，因此当地居民很难享受到温泉洗浴。

在资源无限共享型温泉旅游地开发模式下，温泉相关业态产业遍布温泉旅游地，容易形成温泉镇，但是随着温泉资源的枯竭与业态经营方式的转换，该地区会面临高失业与低收入问题。

五 不同类型温泉旅游地开发模式比较

在前文研究的基础上，作者将三种不同类型的温泉旅游地开发模式进行比较，见表7-1。

表7-1 三种不同类型温泉旅游地开发模式比较

比较类别	资源独享型	资源无限共享型	资源有限共享型
利益驱动类型	利益驱动，当地政府开发温泉旅游地	利益驱动，有关单位建设接待机构	利益驱动，当地政府开发温泉旅游地
社会背景	资源资产价值观不被管理者认同	资源资产价值观不被管理者认同	资源资产价值观为管理者所认同
资源配置效率	温泉水过量开采或者大量浪费，造成国有资源资产存在流失风险，资源配置低效	温泉水无限制超量开采，资源配置低效	托管机构有效控制资源，对资源进行定量配给，不会造成资源的浪费或破坏，资源配置效率高
政府角色	政府推动温泉旅游地开发，采取优惠政策吸引开发商，对国有资源资产过量开采行为没有进行有效制裁与监督，监督体制不完善	委派专门委员会进行管理，对大量疗养院的进入无能为力	政府委派专门机构对资源进行管理；资源委托管理机构监管是否严格决定了温泉资源配置的效率

续表

比较类别	资源独享型	资源无限共享型	资源有限共享型
温泉企业角色	完全占有温泉资源,单个企业具有行动与管理上的整体性,目标一致,较容易实现经营的高效率;由于具有较高的内部运作效率与充足的资源储备,创新性较强,引导温泉旅游产品的开发方向	多家企业共享温泉水,形成目的地空间产业集聚;企业超量无限制用水,造成温泉水枯竭	多家企业共享温泉水,形成目的地空间产业集聚;受到温泉水使用限制,企业开发新产品,提高企业经营效率;受到温泉水供给量限制,容易发生寻租行为,影响温泉资源配置效率
温泉旅游产品开发	以露天洗浴为主,产品可选择余地小,影响温泉旅游者满意度;较难与周边形成联动	主要提供温泉休疗养产品	以洗浴产品为主;较容易与周边企业形成配套产品联动;旅游地空间形成竞争;受水量限制,较难开发大型温泉旅游产品
经济带动	就业带动性不强;当地居民收入带动性不强;周边产业带动性不强;沿温泉交通道路产业布局带动性不强;当地居民参与性弱	大量企业集聚,形成温泉城镇,带动当地经济发展;当地居民参与性强	中型温泉酒店集聚,就业带动性较强;当地居民参与性强

由表 7 - 1 可以看出,任何一种类型的温泉旅游地开发模式都有其利弊。在资源无限共享型温泉旅游地,温泉资源被无偿配给使用,开发商忽视资源的价值,最终造成"公地悲剧",因此这种温泉资源的开采利用模式从根本上来说是背离时代以及市场经济发展趋势的一种资源开发模式。

资源独享型温泉旅游地开发模式是资源商业化开发利用的另一个极端,是在温泉发展的特定历史阶段对温泉开发所采取的一种模式。由于资源为投资方企业单独占有,政府监管不严,因此从其初始的资源配置到温泉旅游产品的开发均存在矿产资源资产开发效率低下的问题。但是,其内部经营的效率较高,产品开发有创新性,企业在开发过程中能够兼顾对周边社区的带动，在一定程度上促进了社区的发展。

资源有限共享型温泉旅游地开发模式是在尊重资源价值的前提下进行温泉资源的开发利用，注重对温泉资源的高效利用，是反映资源价值的开发方式，虽然在实际操作中存在旅游地内部企业竞争等问题，但是从总体上看，是一种较为合理高效的资源开发利用方式。

第二节　温泉旅游地开发模式的超越和有效模式的构建

不论是哪一种温泉旅游地开发模式，在进行旅游地开发的过程中，都存在国有资产流失的可能性。在我国现阶段，资源资产理论研究刚刚起步，由于政策法规以及管理体制的不健全，真正实现资源的资产化管理还有很长的路要走。但是，必须对资源资产价值观有充分的认识和贯彻，实施资源资产化管理，对资源有限共享型温泉旅游地开发模式进行修正，构建新的温泉旅游地开发模式。

一　对资源有限共享型温泉旅游地开发模式的超越的可能

（一）强权的限制

根据前文分析，资源有限共享型温泉旅游地开发模式最核心的理论是对委托管理机构强权的假设，即只有存在一个强权的管理机构才可以实现对温泉资源的有效利用。

强权政府的管理模式是基于信息准确、监督能力强、制裁可靠有效以及行政费用为零的假设。如果缺乏准确的市场信息（包括对资源承载力的判断等）资源管理机构可能会做出错误决定。事实上，强权政府往往是一个理想假设，温泉旅游资源的委托管理机构往往很难拥有强权政府的权力。

根据我国的自然资源管理体制，任何一个基层管理机构都要受到上级管理部门的限制，不存在完全强权的政府，因此其在实际管理过程中往往会遭遇各种困难。

其一，要做到信息准确必须掌握温泉资源环境承载力的主要数据，而这并不容易。一方面温泉资源的储量受地质条件变化的影响，另一方面勘测数据受勘测工具的影响，因此在温泉矿产资源的勘探上，往往较难掌握完全准确的资源信息。而在实际的经营过程中，各个温泉企业温泉水使用量的实时信息也较难获取。

其二，在温泉开发过程中，资源托管机构往往受到温泉企业寻租行为的影响，造成温泉资源的超量开采。

基于以上分析，资源有限共享型温泉旅游地开发模式所依靠的强权的委托机构其实存在诸多缺陷，需要对这一资源管理机构进行改革创新，使之能够真正实现资源管理的目标。

（二）强权机构的修补与超越

温泉资源托管机构的强大不仅仅需要加强其自身的权力，还需要外部机构的支持。

1. 温泉旅游地开发者行会成立的可能

温泉资源管理强权机构最为重要的两个特征是监督能力强和制裁可靠。温泉资源的托管机构由于职能权限的限制往往很难实现这一点，因此，可以考虑引入企业的自治机构——温泉旅游地开发者行会，通过行会对各企业实施有效可靠的监督与制裁。行会成员由各温泉企业选举产生，行会在小范围行业内部享有较高的权力，与资源托管机构一起管理各个温泉旅游企业。

温泉旅游地的温泉资源由诸多温泉资源所有者共同经营使用。为了知道地热田的热储量，可以对温泉矿产资源进行勘测，确定温泉水的环境承载力，温泉水的环境承载力可以决定温泉旅游地开发者行会人数的多少。任何一家企业的超量开采行为都可被认为是对其他温泉企业权利的侵犯，该企业将受到最为严格的惩罚，而惩罚措施的实施将由行会决定，因为行会较为熟悉行业内部的经营状况，可以制定出较为严格合理的惩罚措施。为避免温泉旅游地开发者行会内部各成员间的互不信任，可以引入当地政府或 NGO 等中立组织监督这一体制的运行。温泉旅游地温泉水的环境承载力一般不会太大，因此要确保温泉旅游地开发者行会人数较少，从而避免在温泉旅游地开发者行会进行行业管理的过程中成员的繁杂造成管理的官僚化，确保管理体制高效运行。虽然行会的成立与存在不一定会保证资源管理信息完全准确，但是与过去只有一个资源托管机构相比，这样会减少信息不对称。

从以上几点来看，温泉旅游地开发者行会会在强化监督制裁、资源信息交流等方面对温泉资源托管机构起到辅助管理的作用。

2. 当地政府的积极参与和支持

要确保资源管理机构在与温泉旅游地外界联系的过程中发挥应有的作用，必须依托当地政府的积极参与支持。一般而言，在经济相对落后地区，当地政府对温泉旅游业投资的期待以及经济发展的导向性使得温泉资源管理机构较容易实现与当地政府的合作，获取政府支持，确保温泉托管机构的高效运作，并与当地相关社会组织保持较好的联动。

二 温泉旅游地资源有效管理模式的构建

根据比较热水镬、帝都与锦江温泉三个温泉旅游地开发模式的现状与特点，在总结资源独享型温泉旅游地开发模式的基础上，借鉴我国已有成功与失败的温泉旅游地开发模式，本书试图立足中国实际，克服资源有限共享型温泉旅游地开发模式的局限性，构建有效的温泉旅游地开发模式（见图 7-1）。

该模式的基本结构为：温泉资源委托管理机构主导 + 温泉旅游地开发者行会辅助 + 政府协调 + 企业运营。

这一模式可以突破只有温泉资源委托管理机构进行温泉资源配置的势单力薄的弊端：一方面，通过政府部门或 NGO 的介入可以确保温

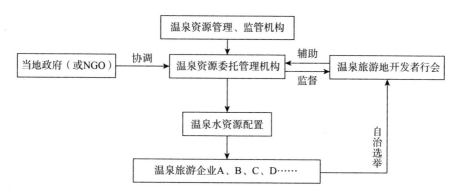

图7-1 温泉旅游地资源有效管理模式

泉资源委托管理机构的权力；另一方面，温泉旅游地开发者行会则可以制定旅游地各企业之间互相监督、互相管理的内部资源使用限制机制。这有利于实现管理者信息获取最大化，有利于实现温泉资源委托管理机构在旅游地的强权。这样，通过行会和政府的介入可以确保温泉资源委托管理机构工作顺利进行，做到温泉资源的合理高效配置。

第三节　结论

本书分析了恩平市资源独享型温泉旅游地的三个案例，研究了资源独享型温泉旅游地开发模式的发展过程与特征，并对从化老温泉的资源无限共享型温泉旅游地开发模式与从化新温泉的资源有限共享型温泉旅游地开发模式进行了比较分析，提出了适合我国发展现状的温泉旅游地开发模式。通过对三个案例的总结与从化温泉案例的比较分析得出以下结论。

1. 资源独享型温泉旅游地开发模式特征

恩平市政府对温泉独享开发持支持态度，其原因有以下两点：温泉的独享开发可以最大化投资者利益，容易吸引投资；政府没有充足资金和专门的温泉资源管理机构，资产运营难以实现。

针对温泉旅游企业的资源配置效率低下，本书认为存在以下原因：温泉旅游的淡旺季差别较大，温泉企业不存在淡旺季调节机制，使夏季成为温泉资源浪费严重的季节；锦江温泉水上乐园式的温泉旅游地开发模式，使温泉出现超量开采，导致温泉资源配置低效；温泉水管理体制不完善，地热水资源价格不反映价值。

形成温泉旅游产品粗放、简单式开发的原因在于：温泉文化建设薄弱；社区温泉文化认同度低；温泉开发的市场导向。

在资源独享型温泉旅游地，只有单一温泉旅游企业，其他企业很难进入，受企业规模限制，难以形成对周边社区旅游关联产业的带动，企业经营风险高。

资源独享型温泉旅游资源的初始配置模式：资源独享型温泉旅游资源的初始配置是在特定社会经济环境背景下形成的，政府以发展经济为目标，为吸引更多投资促进本地区经济发展，允许开发商对温泉资源进行独享性开发，从而达到吸引投资的目的。

资源独享型温泉旅游地开发模式：在资源独享背景下，温泉旅游企业的开发方式有别于一般市场机制下的产品开发方式。在该模式中温泉旅游企业与市场没有实现良性互动，当地政府对温泉旅游企业也没有进行有效的监督管理。这对温泉旅游产业的发展不利，成为阻碍温泉旅游产业发展的因素。

资源独享型温泉旅游地开发的经济影响模式：温泉企业占有采矿权，其他大型企业较难进入，并且只有一家温泉企业存在，温泉旅游地集聚效应不明显，因而在资源独享型温泉旅游地进行投资的风险较高，在温泉旅游地周边只有少许"多维经营"的相关小企业存在。这一现象还与温泉旅游产品的开发相关，由于现在温泉旅游产品的开发大多数仍然处在观光产品开发阶段，旅游者逗留时间短，难以形成与周边景区联动的路线或者项目，因此温泉旅游地对周边相关产业的带动性自然不强。

2. 不同类型开发模式的根本差异

不同类型温泉旅游地开发模式在资源资产价值观、产权管理模式、温泉旅游地开发过程、对周边经济影响等方面存在许多差异。

在资源无限共享型温泉旅游地开发模式下，资源被无偿配给使用，开发者忽视资源的价值，最终造成"公地悲剧"，因此这种温泉资源的开采利用模式从根本上来说是背离时代以及市场经济发展趋势的一种资源开发模式。

资源独享型温泉旅游地开发模式是在资源无限共享型温泉旅游地开发模式失败的历史背景下提出的，在整个管理过程中很容易发生温泉水资源浪费，但是其内部经营的高效率与创新性以及对周边社区经济的带动都在一定程度上推动了温泉旅游地的发展。

而资源有限共享型温泉旅游地开发模式是在尊重资源价值的前提下进行温泉资源的开发利用，注重对温泉资源的高效利用，是一种反映资源价值的开发方式，是一种较为合理高效的资源开发利用方式。

3. 温泉旅游地开发模式的超越

在对资源有限共享型温泉旅游地开发模式加以优化突破的基础上，构建以"温泉资源委托管理机构主导 + 温泉旅游地开发者行会辅助 + 政府协调 + 企业运营"为基本结构的温泉旅游地开发模式。

通过弥补资源有限共享型温泉旅游地开发模式中资源托管机构不够强势的缺陷来进行超越。这一模式可以突破只有资源委托管理机构进行温泉资源配置的势单力薄的限制：一方面，通过政府部门的介入可以确保温泉资源委托管理机构权力的充足；另一方面，温泉旅游地开发者行会可以制定温泉旅游地各企业之间互相监督、互相管理的内部资源使用限制机制。这样通过行会和政府的介入可以确保温泉资源委托管理机构工作顺利进行，从而做到资源的合理高效配置。

参考文献

[1] Abdul Rahim Samsudin et al. , "Thermal Springs of Malaysia and their Potential Development", *Journal of Earth Science*, 1997 , 15 (2 – 3).

[2] AIEST (International Association of Scientific Experts in Tourism), "From Traditional SPA Tourism to Modern Forms of Health Tourism", *Journal of Travel Research*, 1990, 28 (3).

[3] Anastazy Omulecki, "SPA Therapy in Poland", *Clinics in Dermatology*, 1996, 14 (3).

[4] Andreas Katsambas et al. , "Mineral Water and Spas in Greece", *Clinics in Dermatology*, 1996, 14 (6).

[5] Antonio Picoto, "Mineral Water and Spas in Portugal", *Clinics in Dermatology*, 1996, 14 (6).

[6] Ardelean, Simona-Violeta, and Alexandrina-Florina Teusdea, "Health Tourism in Two SPA Resorts: Baile Felix (Romania) and Balaruc-Les-Bains (France), A Comparative View", *Oradea Journal of Business and Economics*, 2019, 4.

[7] Boris Snoj, Damijan Mumel, "The Measurement of Perceived Differences in Service Quality—the Case of Heal SPAs in Slovinia", *Journal of Vacation Marketing*, 2002, 8 (4).

［8］ Claude Kaspar, "A New Lease for SPA and Health Tourism", *Annals of Tourism Research*, 1985, 17 (2).

［9］ Colin Clark, "Restricted Access to Common-Property Fishery Resources: A Game-Theoretic Analysis", In Pan-Tai Liu ed. , *Dynamic Optimization and Mathematical Economics*, (New York: Plenum Press, 1980).

［10］ David Ehrenfeld, *Conserving Life on Earth*, (Oxford: Oxford University Press, 1972).

［11］ Deborah Wightman, Geoffrey Wall, "The SPA Experience at Radium Hot Springs", *Annals of Tourism Research*, 1985, 12 (2).

［12］ Denizci Guillet, Basak, and Deniz Kucukusta, "SPA Market Segmentation According to Customer Preference", *International Journal of Contemporary Hospitality Management*, 2016, 28 (2).

［13］ Dona Brown, "The Making of American Resorts: Saratoga Springs, Ballston Spa, and Lake George", *The Journal of American History*, 2002, 9.

［14］ Dryglas, Diana, and Marcin Salamaga, "Segmentation by Push Motives in Health Tourism Destinations: A Case Study of Polish SPA Resorts", *Journal of Destination Marketing & Management*, 2018, 9.

［15］ Haggard, Howard, W. , "The Historical Background of Resort Therapy", *JAMA-Journal of the American Medical Association*, 2018, 320 (28).

［16］ Harold Demsetz, "Toward a Theory of Property Rights", *The American Economic Review*, 1967, 57 (2).

［17］ Hirak Behari Routh et al. , "Balneology, Mineral Water, and Spas in Historical Perspective", *Clinics in Dermatology*, 1996 (14).

［18］ Ian Carruthers, Roy Stoner, "Economic Aspects and Policy Issues in Groundwater Development", World Bank Staff Working Paper No. 496. Washington, D. C. , 1981.

［19］ John Towner, "What is Tourism's History?", *Tourism Management*, 1995, 16 (5).

［20］ John W. Lund, "Balneological Use of Thermal and Mineral Waters in the U. S. A. ", *Geothermics*, 1996, 25 (1).

［21］ Juganaru, Mariana, C., Ion Danut I. Juganaru, Kamer-Ainur M. Aivaz, "Quantitative Aspects Regarding the Tourist Traffic Indicators in the Human Settlements Located on the Black Sea Coast", *Cross-Cultural Management Journal*, 2016 (1).

［22］ Kalabikhina, Irina, E., and Dmitry Shishalov, "Socio-Demographic Portrait of Russian Travelers", *Worldwide Hospitality and Tourism Themes*, 2016, 8 (3).

［23］ Kuo-Chien Chang, "A Primary Research into Consumer Satisfaction in the Taiwanese Hot Springs Tourism Industry—The Case of International Rock-Spa Resort in Wu-Lai Hot Springs District", *Hawaii International Conference on Business*, 2003.

［24］ Lagrosen et al., "Workplace Health in Wellness—A Study of Swedish Spa-Hotels", *International Journal of Quality and Service Sciences*, 2019, 11 (3).

［25］ Loverseed, H., "Health and SPA Tourism North America", *Travel and Tourism Analyst*, 1998, (1).

［26］ Lucio Andreassi, "Mineral Water and Spas in Italy", *Clinics in Dermatology*, 1996, 14 (6).

［27］ Maitre, Julien, Benjamin Guinhouya, Nicole Darrieutort, and Thierry Paillard, "Physical Education in a Thermal SPA Resort to Maintain an Active Lifestyle at Home: A One-Year Self-Controlled Follow-Up Pilot Study", *Evidence-Based Complementary and Alternative Medicine*, 2017.

［28］ Molchanov, Igor, N., Natalia P. Molchanova, Maria A. Gureva,

Boris M. Zhukov, and Elena A. Gorlova, "Market Mechanisms Elements of Effectiveness and Quality Increase of Region's Recreation Services in the Health Resort and Touristic Cluster", *International Review of Management and Marketing*, 2016, 6 (6S).

[29] Nikolaik Tsankov, "SPA Therapy in Bulgaria", *Clinics in Dermatology*, 1996, 14 (6).

[30] Omotunde Johnson, "Economic Analysis, the Legal Framework and Land Tenure Systems", *The Journal of Law and Economics*, 1972, 15 (1).

[31] Patty Monteson, Judy Singer, "Restoring the Homestead's Historic Spa", *Cornell Hotel and Restaurant Administration Quarterly*, 1999, 8.

[32] Paula Karam, "Mineral Water and Spas in France", *Clinics in Dermatology*, 1996, 14 (6).

[33] Połubok Joanna, Gonera Aleksandra, Ubysz Jakub, Wójcik Maria, Kozicka Marta, Barg Ewa, "Are Children from Resort SPA Healthy? The Overweight and Obesity in Children from Kudowa-Zdrój", *Pediatric Endocrinology, Diabetes, and Metabolism*, 2015, 21 (1).

[34] Robert Heilbroner, *An Inquiry into the Human Prospect*, (New York: Norton, 1974).

[35] Robert Smith, "Resolving the Tragedy of the Commons by Creating Private Property Rights in Wildlife", *CATO Journal*, 1981, 1.

[36] Ronni Wolf, "Mineral Water and Spas in Israel", *Clinics in Dermatology*, 1996, 14 (6).

[37] Samuelson, P. A., "The Pure Theory of Public Expenditure", *Review of Economics and Statistics*, 1954, 36 (4).

[38] Seung kyung Hann, "Mineral Water and Spas in Korea", *Clinics in Dermatology*, 1996, 14 (6).

[39] Snejina Vassileva, "Mineral Water and Spas in Bulgaria", *Clinics in Dermatology*, 1996, 14 (6).

[40] Spilioti et al., "Biological Properties of Mud Extracts Derived from Various SPA Resorts." *Environmental Geochemistry and Health*, 2017, 39 (4).

[41] Stier-Jarmer, Marita, Sandra Kus, Dieter Frisch, Carla Sabariego, Angela Schuh, "Health Resort Medicine in Non-Musculoskeletal Disorders: Is There Evidence of Its Effectiveness?" *International Journal of Biometeorology*, 2015, 59 (10).

[42] Susanna Bihari-Axelsson, Runo Axelsson, "The Role and Effects of Sanatoriums and Health Resorts in the Russian Federation", *Health Policy*, 2002, 59 (1).

[43] Toda, Masahiro, Hiroaki Makino, Hidetoshi Kobayashi, Kanehisa Morimoto, "Health Effects of a Long-Term Stay in a SPA Resort", *Archives of Environmental & Occupational Health*, 2006, 61 (3).

[44] TOMA, Smaranda, and Daniela Melania MIHAI, "Tourism Management and Planning of Climatic and SPA Resorts in Romania", *Buletin Ştiinţific: Universitatea Din Piteşti, Seria Ştiinţe Economice*, 2018, 17 (3).

[45] Toyoki MAEDA et al., "A SPA-Resort Tour in Japan Relieves Mental and Physical Stress and Corrects Serum Cortisol Levels", *The Journal of the Japanese Society of Balneology, Climatology and Physical Medicine*, 2019, 82 (2).

[46] Viljoen, Armand, Martinette Kruger, Melville Saayman, "Ageing in a Modern Era: Evidence from South African Resort SPA Visitors", *Southern African Business Review*, 2018, 22 (1).

[47] Welch, W. P., "The Political Feasibility of Full Ownership Property

Rights：The Cases of Pollution and Fisheries", *Policy Science*, 1983,
16.

[48] William Bacon, "Economic Systems and their Impact on Tourist Resort
Development：the Case of the Spa in Europe", *Tourism Economics*,
1998 (4).

[49] William Ophuls, *Ecology and the Politics of Scarcity*, (San Francis-
co：Freeman, 1977).

[50] Withiam, Glenn, "Who Goes to Spas?", *Cornell Hotel and Restau-
rant Administration Quarterly*, 1993, 34 (5).

[51] Yang, Wan, Anna S. Mattila, "Why do We Buy Luxury Experi-
ences?" *International Journal of Contemporary Hospitality Manage-
ment*, 2016, 28 (9).

[52] Zelinskaya, Maria, V. , Tatiana I. Chueva, Ivan N. Chuev, "De-
velopment of the Tourist Health Resort Branch in Primorsko-Akhtarsky
District", *International Review of Management and Marketing*, 2016,
6 (1S).

[53] Zhang, Leyi, Yi Li et al. , "High Prevalence and Genetic Polymor-
phisms of Legionella in Natural and Man-Made Aquatic Environments
in Wenzhou, China", *International Journal of Environmental Research
and Public Health*, 2017, 14 (3).

[54] 〔美〕埃诺莉·奥斯特罗姆：《公共事物的治理之道——集体行动
制度的演进》，余逊达、陈旭东译，上海三联书店，2000。

[55] 保继刚、楚义芳、彭华：《旅游地理学》，高等教育出版社，1993。

[56] 保继刚、彭华：《旅游地拓展研究以丹霞山阳元石景区为例》，
《地理科学》1995 年第 1 期。

[57] 毕斗斗：《温泉与广东省温泉旅游产业发展研究》，《广州大学学
报》（社会科学版）2003 年第 2 期。

[58] 毕燕：《广西温泉旅游资源现状分析及开发利用对策》，《广西师范学院学报》2004 年第 1 期。

[59] 毕泽慧：《大庆温泉旅游发展对策研究——兼谈日本温泉旅游成功经验》，《金融经济》2016 年第 18 期。

[60] 蔡运龙：《自然资源学原理》，科学出版社，2000。

[61] 曹俊、郭建强：《海螺沟地质公园地质遗迹景观资源特征及游览线路规划》，《四川地质学报》2002 年第 3 期。

[62] 陈安宁：《论我国自然资源产权制度的改革》，《自然资源学报》1994 年第 1 期。

[63] 陈国生：《我国古代方志的旅游地理学价值》，《贵州社会科学》1998 年第 5 期。

[64] 陈纪平：《中国资源经济研究：过去、现在与未来》，《西安石油大学学报》（社会科学版）2002 年第 2 期。

[65] 陈双世：《矿业权的资产化经营与资源的可持续发展》，《中国有色冶金》2004 年第 4 期。

[66] 陈向明：《质的研究方法与社会科学研究》，教育科学出版社，2000。

[67] 陈小飞、胡建国：《温泉旅游开发的困惑与出路——兼谈日本温泉开发的启示》，《中国城市经济》2011 年第 11 期。

[68] 池静、崔凤军：《乡村旅游地发展过程中的"公地悲剧"研究——以杭州梅家坞、龙坞茶村、山沟沟景区为例》，《旅游学刊》2006 年第 7 期。

[69] 〔日〕德村志成：《中国国际旅游发展战略研究——日本客源市场》，中国旅游出版社，2002。

[70] 樊亚明、徐颂军、刘益：《转型升级背景下广东温泉旅游业可持续发展分析》，《社会科学家》2013 年第 1 期。

[71] 风笑天：《社会学研究方法》，中国人民大学出版社，2001。

[72] 盖静、张志礼、张军：《矿产资源资产评估的科学界定》，《河北

理工学院学报》（社会科学版）2002 年第 1 期。

[73] 高德步：《产权与增长：论法律制度的效率》，中国人民大学出版社，1999。

[74] 高鹏、刘住：《对发展温泉旅游的建议》，《旅游科学》2004 年第 2 期。

[75] 高杨、包文莉：《辽宁省温泉旅游创新发展路径研究》，《现代商贸工业》2018 年第 8 期。

[76] 高昱、姜晨：《社区营造视角下的日本熊本县黑川温泉乡与长兴县顾渚村乡村休闲体验旅游的比较研究》，《中国旅游评论》2016 年第 4 期。

[77] 郭来喜：《中国的矿泉旅游资源》，《旅游地理文集》，中国科学院地理研究所，1982。

[78] 郭立宏：《我国环境资源配置低效的制度分析》，《中国软科学》2001 年第 11 期。

[79] 韩国圣、黄跃雯、徐唯正、李辉：《日本温泉保养地管理及对中国的启示》，《资源科学》2015 年第 8 期。

[80] 韩卫忠：《日本温泉考察报告》，《文化产业》2010 年第 11 期。

[81] 贺红权、刘伟：《我国旅游资源产权制度的演进趋势及启示——基于一个文化古镇背景模型的分析》，《中国软科学》2007 年第 12 期。

[82] 洪银兴、刘建平主编《公共经济学导论》，经济科学出版社，2003。

[83] 胡昌媛、王彦、黎玖高：《资源价格研究》，中国物价出版社，1993。

[84] 胡志毅、黄泰霞、王昕：《基于象征理论的民族地区温泉资源开发——以重庆"边城汤寨"为例》，《生态经济》2012 年第 12 期。

[85] 胡仲义、夏中胜：《浙江南溪温泉森林公园旅游资源的开发和利用》，《中南林业调查规划》2003 年第 3 期。

[86] 宦震丹、王艳平、周梦杰：《基于知识共同体的线索追踪法——以温泉旅游研究为例》，《旅游学刊》2014 年第 12 期。

[87] 黄尚瑶：《中国温泉资源》，中国地图出版社，1993。

[88] 黄少安，《产权经济学导论》，山东人民出版社，1997。

[89] 黄郁成：《试论温泉旅游资源的综合开发》，《江西社会科学》2003 年第 9 期。

[90] 黄远水、刘克祥、池进：《永安市热水口温泉旅游资源开发探讨》，《福建地理》2002 年第 1 期。

[91] 黄阵仙：《品牌构建模型在福州温泉旅游开发中的应用》，《岳阳职业技术学院学报》2011 年第 1 期。

[92] 贾英：《对南温泉公园现状的思考》，《经济纵横》2004 年第 6 期。

[93] 姜莉、李永洁、陈中颖：《欧洲温泉地区的概况与启示》，《国外城市规划》2004 年第 6 期。

[94] 姜文来、杨瑞珍：《资源资产论》，科学出版社，2003。

[95] 蓝力民：《温泉旅游资源可开发价值定量评价模型的构建与应用新探》，《资源科学》2013 年第 2 期。

[96] 李竟雄：《分析日本温泉旅游的发展原因及其对我国温泉旅游开发的启示》，《旅游纵览》2016 年第 3 期。

[97] 李鹏、保继刚：《基于制度科层理论的国有旅游资源产权解析——从化温泉水权案例》，《旅游学刊》2014 年第 10 期。

[98] 李胜、许水平：《资源资产的产权制度与可持续发展》，《科技进步与对策》2003 年第 11 期。

[99] 李文星、白冰：《公共部门经济学引论》，四川人民出版社，2001。

[100] 李晓琴、胡丹临、郑雨：《基于协同论、"点 - 轴系统"理论的大香格里拉东部温泉旅游开发研究》，《生态经济》2009 年第 3 期。

[101] 李妍：《浅议中国温泉旅游的发展现状及趋势》，《现代经济信息》2017 年第 20 期。

[102] 厉以宁、章铮：《环境经济学》，中国计划出版社，1995。

[103] 连民杰、马毅敏：《矿产资源资产化管理初探》，《金属矿山》2000 年第 4 期。

[104] 梁江川、陈南江：《广东省高档温泉度假区游客利益细分研究》，《旅游学刊》2006 年第 5 期。

[105] 梁勇、成升魁、闵庆文：《中国资源管理模式的发展历程与改革思路》，《资源开发与市场》2003 年第 6 期。

[106] 林东、韩鸣、郑耀星：《温泉旅游资源使用权价值经济实现研究——以福建省为例》，《福建论坛（人文社会科学版)》2014 年第 5 期。

[107] 林英杰、张燕文：《电白县热水温泉风景区旅游资源的特色及其开发设想》，《中山大学学报》（自然科学版）1996 年第 S1 期。

[108] 刘宝春、马文洪：《矿产资源资产评估的有关问题》，《中国地质矿产经济》2000 年第 7 期。

[109] 刘克亚、黄明健：《矿产资源管理研究资源产权制度反思》，《矿产保护与利用》2004 年第 6 期。

[110] 刘思雨、王艳平：《日本是什么：基于温泉旅游》，《河北旅游职业学院学报》2018 年第 1 期。

[111] 刘振礼、王兵：《新编中国地理》，南开大学出版社，1996。

[112] 〔美〕鲁道斯基：《矿产经济学：自然资源开发与管理》，杨昌明、李万亨译，中国地质大学出版社，1991。

[113] 〔美〕罗伯特·克里斯蒂·米尔：《度假村的运营与管理》，李正喜译，大连理工大学出版社，2002。

[114] 罗谦、傅红、陈红：《四川地区温泉旅游度假地开发的问题与对策》，《软科学》2004 年第 2 期。

[115] 罗琼：《区域旅游资源的整体性与旅游资源开发——以重庆市巴南区东温泉景区为例》，《重庆师范学院学报》（自然科学版）

2002 年第 3 期。

[116] 马毅敏、连民杰：《矿业权资产管理初探》，《矿业工程》2004
年第 1 期。

[117] 倪开刚、栾光忠、李学伦：《胶东温泉作为旅游资源的开发利用
价值》，《海洋地质动态》1995 年第 10 期。

[118] 庞世明、王恒、刘敏、孙业红：《公共景区的产权残缺及其经济
分析》，《旅游学刊》2013 年第 6 期。

[119] 彭秀芬、向云波：《广东、台湾与日本温泉旅游开发比较研究》，
《经济论坛》2011 年第 2 期。

[120] 〔南〕平乔维奇：《产权经济学——一种关于比较体制的理论》，
蒋琳琦译，经济科学出版社，1999。

[121] 齐先文、查良松：《皖江城市带温泉旅游地定量评价及开发策
略》，《长江流域资源与环境》2012 年第 11 期。

[122] 秦达郅：《日本温泉产业发展之经验与启示》，《管理观察》2012
年第 28 期。

[123] 饶品样、李树民：《产权边界、层次差异与旅游用地资源配置效
率》，《旅游学刊》2008 年第 11 期。

[124]《日本温泉旅游开发经验的启示》，http://www.gdwqw.com/view.
asp? id=639。

[125] 三木夏子：《日本温泉旅游发展对辽宁的启示》，硕士学位论文，
辽宁大学，2015 年。

[126] 山村顺次：《新观光地理学》，日本大明堂，1996。

[127] 史漫飞、柯武刚：《制度经济学》，商务印书馆，2000。

[128] 舒伯阳、黄猛：《体验链条产业化：旅游吸引物构建的一种系统
方法——基于新疆博尔塔拉温泉县的个案研究》，《人文地理》
2013 年第 4 期。

[129] 苏全有、崔海港：《论近代中国的洗浴文化》，《福建论坛》（人

文社会科学版）2013 年第 8 期。

[130] 覃家军、张治河、成金华：《资源性资产产权管理问题探讨》，
《中南财经大学学报》1997 年第 4 期。

[131] 唐晴：《日本温泉旅游研究》，硕士学位论文，上海师范大学旅
游学院，2013 年。

[132] 王冠贤、保继刚：《温泉旅游地特性及空间竞争分析——以从化
新旧温泉为例》，《地域研究与开发》2004 年第 6 期。

[133] 王华：《温泉旅游地的发展及其影响因素研究》，硕士学位论文，
中山大学，2003。

[134] 王华、彭华：《温泉旅游的发展与研究述评》，《桂林旅游高等专
科学校学报》2004 年第 4 期。

[135] 王华、彭华：《温泉旅游开发的主要影响因素综合分析》，《旅游
学刊》2004 年第 5 期。

[136] 王华、彭华、吴立瀚：《国内外温泉旅游度假区发展演化模式的
探讨》，《世界地理研究》2004 年第 3 期。

[137] 王立民、安克士：《中国矿泉》，天津科学出版社，1993。

[138] 王丽华、矶山优、周颖：《日本温泉胜地的医养结合实践——日
本国际医疗福祉大学附属医院及养老院》，《中国医院建筑与装
备》2016 年第 6 期。

[139] 王玲、何雨：《西部旅游资源非优区产品开发研究——以内蒙古
自治区乌审旗为例》，《干旱区资源与环境》2008 年第 10 期。

[140] 王汝辉：《巴泽尔产权模型在少数民族村寨资源开发中的应用研
究——以四川理县桃坪羌寨为例》，《旅游学刊》2009 年第 5 期。

[141] 王万山：《中国自然资源产权混合市场建设的制度路径》，《经济
地理》2003 年第 5 期。

[142] 王小军：《日本的温泉与温泉医学》，《中国疗养医学》1999 年
第 1 期。

［143］王新：《温泉旅游产业发展的日韩经验及其借鉴》，《生产力研究》2012 年第 12 期。

［144］王艳平：《温泉地社会保障功能之国际比较》，《旅游学刊》2005 年第 1 期。

［145］王艳平：《温泉旅游真实性研究》，《旅游学刊》2006 年第 1 期。

［146］王艳平：《我国温泉旅游存在的问题及对策》，《地域研究与开发》2004 年第 3 期。

［147］王艳平：《中国温泉旅游》，大连出版社，2004。

［148］王艳平、金丽：《界面增长；提高旅游体验总量的重要环节——以构筑温泉旅游"更·宽衣"环节为例》，《旅游学刊》2004 年第 5 期。

［149］王艳平、山村顺次：《中国温泉资源旅游利用形式的变迁及其开发现状》，《地理科学》2002 年第 1 期。

［150］文钟莲：《温泉旅游》，《日语知识》1995 年第 1 期。

［151］吴必虎：《区域旅游规划原理》，中国旅游出版社，2001。

［152］吴承忠：《西方休闲经济萌芽阶段的发展历程》，《城市问题》2010 年第 11 期。

［153］吴楠、李英君：《浅析日本温泉文化的形成》，《大观》2014 年第 12 期。

［154］吴文智：《我国公共景区政府规制历程及其问题研究》，《旅游学刊》2007 年第 11 期。

［155］吴艳：《对日本温泉文化特色的考察——以宗教性为中心》，《北方文学》（中旬刊）2014 年第 7 期。

［156］夏佐铎、姚书振：《矿产资源资产经济价值的研究》，《中国矿业》2002 年第 4 期。

［157］辛艺峰：《顺应自然·延续文脉·重塑环境——热水温泉风景旅游区总体规划》，《城市规划汇刊》1996 年第 6 期。

［158］ 徐红、贾鸿雁：《基于 RMP 分析的福州旅游形象再定位研究》，《东南大学学报》（哲学社会科学版）2012 年第 14 期。

［159］ 徐小淑、孟红淼：《日本温泉文化的特征——从"汤治"到"治愈"》，《中北大学学报（社会科学版）》2015 年第 6 期。

［160］ 杨劲松：《沐浴业发展的中外比较》，《旅游学刊》2008 年第 9 期。

［161］ 杨雨芳：《日本：温泉魅力挡不住》，《海外星云：时政综合半月版》2000 年第 2 期。

［162］ 叶萍、刘晓农：《日本温泉旅游产业发展及对我国的启示》，《老区建设》2019 年第 18 期。

［163］ 战佳悦、邓杰元、刘琳：《循序渐进，精致入微——论日本从战国以来时代演进对温泉旅馆的影响》，《才智》2016 年第 16 期。

［164］ 张帆：《环境与自然资源经济学》，上海人民出版社，1998。

［165］ 张荟玉：《浅谈日本温泉文化》，《科技致富向导》2014 年第 11 期。

［166］ 张建忠、杨新军：《旅游度假区康体休闲与康复养生项目的开发模式——以安宁市温泉旅游度假区为例》，《泰安师专学报》1998 年第 2 期。

［167］ 张凌云：《关于旅游景区公司上市争论的几个问题》，《旅游学刊》2000 年第 3 期。

［168］ 张璐璐：《漫议日本的温泉文化》，《青年文学家》2018 年第 33 期。

［169］ 张昕竹：《自然文化遗产资源的管理体制与改革》，《中国社会科学》2000 年第 5 期。

［170］ 张亚：《关于日本温泉酒店管理的模式及其启示探究》，《旅游纵览》2016 年第 3 期。

［171］ 掌月：《浅析日本的温泉沐浴文化》，《文学教育》（中）2012 年第 4 期。

［172］ 郑旗、钟家雨、郑焱：《基于产业链视角的温泉旅游开发研

究——以灰汤国际温泉度假区为例》，《经济地理》2013 年第
8 期。

[173] 郑锡泉：《矿产资源资产与市场优化配置》，《江苏地质》2003
年第 4 期。

[174] 郑耀星、李明亮：《基于女性休闲视角下的温泉旅游开发模
式——以福州市温泉为例》，《福建论坛》（人文社会科学版）
2013 年第 8 期。

[175] 周海林：《自然资源可持续利用的制度安排探析》，《中国人口、
资源与环境》2000 年第 10 期。

[176] 周建明：《旅游度假区的发展趋势与规划特点》，《国外城市规
划》2003 年第 1 期。

[177] 周进步、庞规荃、秦关民编著《现代中国旅游地理》（第 3 版），
青岛出版社，2001。

[178] 〔英〕朱迪·丽丝：《自然资源：分配、经济学与政策》，蔡运
龙、杨友孝、秦建新等译，商务印书馆，2002。

[179] 朱训主编《中国矿情》，科学出版社，1999。

[180] 朱专法：《日本温泉的旅游开发与经营管理》，《山西大学学报》
（哲学社会科学版）2008 年第 5 期。

锦江温泉酒店调查问卷

尊敬的游客：

您好！我们是中山大学的研究生，正在做一项有关温泉酒店开发管理的研究，请您花上几分钟时间填写这份问卷，您的意见和看法将对我们的研究有很大的帮助。

请您根据自己的感受，在您认为合适选项前的方框里打"√"或在"_____"处填写您的答案。本问卷不涉及个人隐私问题，是一个纯粹的学术研究，请您放心。十分感谢您的支持与合作，谢谢！

1. 您这是第几次泡温泉：

    □第 1 次　　　　□第 2 次　　　　□第 3 次　　　　□3 次以上

2. 从温泉酒店的经营风格上看，您更喜欢哪一种：

    □老式的室内温泉酒店

    □现代园林式露天温泉酒店

    □有娱乐项目、参与性强的温泉酒店

3. 您喜欢哪一种温泉浸泡方式：

    □个人池　　　　□家庭池　　　　□大众池（着泳装）

    □大众池（裸泡）　　　　□室内浴池

4. 如为露天大众温泉池，您认为多少钱是您可以接受的：

☐50 元以内　　☐50～100 元　　☐101～200 元

☐201～500 元　☐501～1000 元　☐1000 元以上

☐只要品质好，多少钱没关系

5. 如果在温泉度假村住宿（双人标准间），您认为多少钱是您可以接受的：

☐101 元以内　　☐101～200 元　　☐201～300 元

☐301～500 元　☐500 元以上　　☐只要品质好，多少钱没关系

6. 您出于以下哪种目的来泡温泉：

☐观光度假　　　　　☐公务、商务与会议

☐医疗养生　　　　　☐科技文化交流、学习

☐探亲访友　　　　　☐其他_____

7. 对于当今大多数温泉旅游开发的价格定位，您认为：

☐偏高　　　　☐合理　　　　☐较低

8. 以下是温泉休闲消费的以下几种说法，在您同意的观点前面打钩：（可多选）

☐泡温泉时尚流行，是一种高雅的休闲旅游方式。

☐泡温泉有利于身心健康、精力恢复，医疗效用是最吸引我的地方。

☐泡温泉是一种普通休闲度假方式而已，与游山玩水没什么区别。

☐泡温泉只是图个新鲜，来看看就走。

☐泡温泉是被强拉来的，不是个人自愿，不喜欢泡温泉。

9. 锦江温泉最吸引您的是（最多选两个）：

☐价格适中　　　　　☐优美自然环境

☐温泉疗效　　　　　☐个性化服务

☐配套设施好　　　　☐温泉项目设置

10. 您打算在这里逗留多久：

☐半天　　　☐住一晚　　　☐住两晚

☐住三晚　　☐住三晚以上

11. 您这是第几次来锦江温泉：

□第 1 次　　　□第 2 次　　　□第 3 次　　　□3 次以上

12. 您在锦江温泉人均消费：

□小于 50 元　　　□50～99 元　　　□100～199 元

□200～499 元　　　　　　　□大于等于 500 元

13. 您对锦江温泉宾馆的看法：

管理水平	□很好	□较好	□一般	□较差	□很差
环境卫生	□很好	□较好	□一般	□较差	□很差
温泉旅游产品	□很好	□较好	□一般	□较差	□很差
交通便利程度	□很好	□较好	□一般	□较差	□很差
餐饮	□很好	□较好	□一般	□较差	□很差
娱乐、表演项目	□很好	□较好	□一般	□较差	□很差
购物	□很好	□较好	□一般	□较差	□很差
总体	□很好	□较好	□一般	□较差	□很差

14. 您对锦江温泉信息的取得多来自何处：

□网际网络　　　　　　　□报纸杂志

□广播/电视节目　　　　　□温泉相关书籍资料

□亲友口传　　　　　　　□其他_____

15. 您觉得锦江温泉最需要改进之处为何项：

□泡汤设施　　　　　　　□餐饮

□配套娱乐设施　　　　　□服务态度

□消费价格　　　　　　　□道路交通

□其他_____

16. 您此次出游还会去哪些地方：

□帝都温泉　　　　　　　□金山温泉

□温泉乐园　　　　　　　□石头村

　　　　□开平碉楼　　　　　　　　　□哪里都不去了

　　　　□其他_____

17. 您的性别：□男　　　□女

18. 您的年龄：

　　　　□14 岁及以下　　　　　　　□15 ~ 24 岁

　　　　□25 ~ 34 岁　　　　　　　　□35 ~ 44 岁

　　　　□45 ~ 54 岁　　　　　　　　□55 ~ 64 岁

　　　　□65 岁及以上

19. 您的居住地：

　　　　□恩平本地　　　　　　　　　□广东省_____市

　　　　□_____省_____市　　　　□港澳台地区

　　　　□其他_____

20. 您的教育程度：

　　　　□初中及以下　　　　　　　　□高中/中专

　　　　□大专/本科　　　　　　　　□研究生及以上

21. 您的职业：

　　　　□学生　　　　　　　　　　　□政府机关/事业单位职工

　　　　□公司员工　　　　　　　　　□农民

　　　　□军人　　　　　　　　　　　□个体职业者

　　　　□离退休　　　　　　　　　　□待业/下岗

　　　　□教师　　　　　　　　　　　□其他_____

22. 您的月收入：

　　　　□800 元以下　　　　　　　　□800 ~ 1499 元

　　　　□1500 ~ 2999 元　　　　　　□3000 ~ 4999 元

　　　　□5000 元及以上

23. 您这次出游是：

　　　　□独自一人　　　　　　　　　□跟团队来

□和亲戚朋友一起 　　　　　□单位组织

□其他＿＿＿＿＿＿＿

24. 您觉得锦江温泉目前最需要解决的问题是＿＿＿＿＿＿＿＿＿＿＿＿＿

非常感谢您的大力合作！祝您：全家幸福、健康、快乐！

温泉酒店员工调查问卷

1. 个人信息

性别_____　　　年龄_____　　　文化程度 _____

部门_____　　　职务_____　　　进入公司时间_____

2. 您的家乡

①景区内的村寨　②本镇内的　③本州内的　④本省内的　⑤外省的

3. 进入本公司前，您工作过吗？

①在学校读书　②在家务农，时间为____年　③工作过多次，以往的主要工作经历：_____

_____

4. 工作意见

单位名称	职务或岗位	单位性质 （国营、个体私营或外资）	工作时间
1.			
2.			
3.			
4.			

5. 通过何种渠道得知公司招聘？

6. 喜不喜欢目前的工作？

7. 将来还打算继续做下去吗？

8. 工作是不是有成就感？

9. 对现在生活的看法（工作、上司、同事等）

后　记

温泉旅游是我在博士期间的论文研究选题，资源管理的视角是在选题方向基础之上经过田野调查、文献阅读、个人思考以及与师长同门探讨之后确定下来的研究视角。通过这一视角能够将温泉的资源特性、产品特性与市场需求特征描述清楚，同时这一视角也提供了较为宏大的思考框架。

从资源管理的角度去研究温泉的开发利用，不能忽视温泉的公共资源属性，当然这也就需要将温泉开发管理的历史沿革纳入本书的研究内容。作为一种矿产资源，温泉的公共资源管理属性天然地与社会人群的健康福祉相联系，并且至今仍然在全球范围内得到广泛认可，温泉疗养方向的开发仍然在诸如中东欧、北欧、日本等地区和国家广泛进行。但是较为遗憾的是，我国温泉资源疗养方向的开发随着改革开放的到来全面转向了市场化，公共资源的属性基本消失。而这一转折点也造成当今我国温泉旅游开发过程中产品单一化，相比其他具有自然资源属性的旅游资源，温泉旅游产品的开发缺少了观光、科普、教育等公共产品的属性，较为单一地呈现出温泉度假酒店这一产品类型。

温泉在过去二十年的发展在一定程度上丰富了旅游度假村的内容或者成为酒店的附属产品，但温泉旅游并没有形成具有自身特色的旅游产品开发与管理体系。

随着社会的发展，人们对生活质量、健康疗养的需求越发迫切，2016 年《国家康养旅游示范基地标准》出台，2017 年我国第一本康养蓝皮书《中国康养产业发展报告（2017）》出版。温泉旅游的发展迎来一个新的时代机遇，温泉旅游的开发如果可以突破原有的资源管理与配置机制，在社会福祉与公共产品服务提供方面有所突破，那么将在康养旅游发展背景下重新焕发青春活力。

本书的研究资料与核心数据形成于 2004～2005 年博士在读期间，之后由于工作的变动与对研究视角的反思，一直没能将论文主体部分公开发表。纵观温泉旅游过去二十多年的发展历程，结合当今康养旅游的发展趋势，参照当时对研究视角的思考，我进一步确信了当时研究方向选择的正确性。借本书出版之机，对当初论文选题与写作过程中给予我指导和帮助的保继刚教授、徐红罡教授及各位同学致以诚挚的问候和谢意。

图书在版编目（CIP）数据

温泉旅游地开发与管理 / 巨鹏著. -- 北京：社会
科学文献出版社，2020.5
ISBN 978 - 7 - 5201 - 6768 - 0

Ⅰ.①温…　Ⅱ.①巨…　Ⅲ.①温泉 - 旅游业发展 - 研
究 - 恩平　Ⅳ.①F592.765.4

中国版本图书馆 CIP 数据核字（2020）第 099796 号

温泉旅游地开发与管理

著　　者 / 巨　鹏

出 版 人 / 谢寿光
组稿编辑 / 恽　薇
责任编辑 / 高　雁
文稿编辑 / 胡　楠

出　　版 / 社会科学文献出版社·经济与管理分社（010）59367226
　　　　　　地址：北京市北三环中路甲 29 号院华龙大厦　邮编：100029
　　　　　　网址：www.ssap.com.cn
发　　行 / 市场营销中心（010）59367081　59367083
印　　装 / 三河市尚艺印装有限公司

规　　格 / 开　本：787mm × 1092mm　1/16
　　　　　　印　张：12　字　数：173 千字
版　　次 / 2020 年 5 月第 1 版　2020 年 5 月第 1 次印刷
书　　号 / ISBN 978 - 7 - 5201 - 6768 - 0
定　　价 / 138.00 元

本书如有印装质量问题，请与读者服务中心（010 - 59367028）联系